SNS型詐欺

国際ロマンス詐欺・SNS型投資詐欺
被害者サポートマニュアル

CHARMS主宰
新川てるえ　　武部理花

なぜ騙される?!

詐欺師の卑怯な手口
被害者の心理

はじめに

「国際ロマンス詐欺」の歴史と私たちの思い

「国際ロマンス詐欺」とはインターネットの交流サイト（SNS）等を通して知り合った外国人から、恋愛をほのめかされ、投資などを勧められたり、何かのハプニングが起きて金銭要求される詐欺です。

2015年私自身がこの被害にあって、サバイバーとして被害者支援活動のためのホームページ「STOP国際ロマンス詐欺」を立ち上げました。

当時、日本では「国際ロマンス詐欺」というワードすらも知られておらず、私はインターネットで検索をしてアメリカの支援団体の情報にたどり着きました。

世界をターゲットにする国際的な犯罪で、被害届も出せずに泣き寝入りする被害者が多くいたと思います。

図にあるように「国際ロマンス詐欺」はコロナ禍（2019年以降）に被害を訴える人が増え、手口も変化してきました。

2018年

月：日本テレビの「マツコ会議」で婚活中の女性が国際ロマンス詐欺被害に遭った話が出た。
1月：仙台の女性の国際ロマンス詐欺被害が報道される。

2024年

日本の警察庁がSNS型投資詐欺とSNS型国際ロマンス詐欺の統計を発表。被害の深刻化を国が認識するようになった。

もくじ

その背景にはコロナ禍でSNSの利用ニーズが高まり、人々がインターネットでの見知らぬ人と出会うことに慣れていきました。
　また、将来の不安から、投資や資産形成を考えなくてはならないと思い始め、そこに便乗するかのように「SNS型投資詐欺」といわれる現在、主流になっている手口が広がりました。
　コロナ禍以前この詐欺は、主にアフリカ圏からの詐欺だと言われていましたが、投資型の詐欺は東南アジアに拠点を置く中国系の組織による詐欺だと言われています。
　これはコロナにより貧困の国や人が増え、それに伴って犯罪を行う人が増えたとも推測されます。
　本書はコロナ禍から変化している「国際ロマンス詐欺」や「SNS型詐欺」の手口や被害の現状を、多くの皆さんに伝えることで、被害を未然に防ぐことを目的に制作されています。
　また、相談窓口で支援者が被害者を傷つけてしまう二次被害を防ぐために、この詐欺のマインドコントロールの手口や被害者心理を深く理解していただきたく執筆しました。
　どうか多くの皆様に興味を持って理解を深めていただけましたら幸いです。

CHARMS代表　新川てるえ

国際ロマンス詐欺の変遷

2007年

2000年代にインターネットの進化に伴い、オンライン詐欺が発展していった。英国BBCで国際ロマンス詐欺に関して報道される。

2009年

被害者情報交換掲示板によると少なくとも2009年には日本人の被害があったとされる。

2012年

TBS「私の何がイケないの－病み女ワースト１０」が放送された。このころは「国際ロマンス詐欺はレアな犯罪」という見方が一般的だった。

2016年

M-STEPのプロジェクトとして「ストップ国際ロマンス詐欺」注意喚起と被害相談活動をフェースブックで開始。

2017年

テレビ朝日系「テレメンタリー　偽りの讃美歌」で国際ロマンス詐欺が放送され、犯行グループがマレーシア在住のナイジェリア人と判明。

2019年

2月：在日外国人の詐欺グループの一員が逮捕
3月：国際ロマンス詐欺被害者の女性が業務上横領で逮捕
このころから国際ロマンス詐欺の逮捕報道や被害報道がされるようになる。

2020年

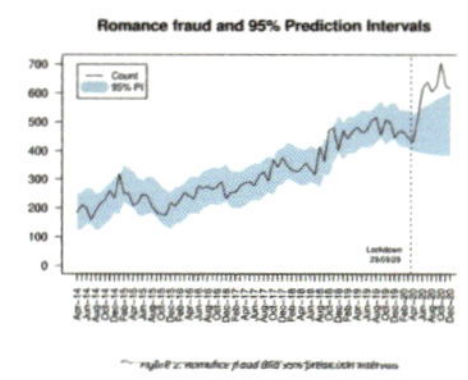

パンデミックによる被害の急増
・人々が家にいるようになった
・カジノが経営難になり、IT企業を装う詐欺組織ととってかわった

BUIL-GIL, D. AND ZENG, Y. (2022), "MEETING YOU WAS A FAKE: INVESTIGATING THE INCREASE IN ROMANCE FRAUD DURING COVID-19", JOURNAL OF FINANCIAL CRIME, VOL. 29 NO. 2, PP. 460-475. HTTPS://DOI.ORG/10.1108/JFC-02-2021-0042

2021年

2022年

日本人のロマンス詐欺師森川光がガーナで逮捕起訴。
著名人の被害：国際ロマンス詐欺被害に遭った漫画家・井出智香恵さんがメディアでインタビューに答え、経験を語る。

2023年

国際ロマンス詐欺やSNS型投資詐欺の報道が増え、認知度が高まる。日本人の大人の9割はある程度知っている。（2023年1月CHARMS調べ）

ＳＮＳ型詐欺における コロナ禍以降の傾向

２０１９年以降、パンデミックや世界経済の状況、情報技術の急速な進歩など様々な状況が変化しました。それに伴って、ＳＮＳ型詐欺の傾向もその手法やターゲット等が大きく変化していることが明らかです。被害金額の増加、特にＳＮＳ型投資詐欺の台頭は、個人が短期間で大金を失うリスクを大きくしています。さらに、様々な技術革新が詐欺に利用される状況が顕著で、被害金額も高額化しています。

ＳＮＳ型投資詐欺の増加

２０１９年のＣＨＡＲＭＳのアンケート調査時の一人当たりの被害額は４４２万円でした（１４２名の回答者の平均）。それに対して、２０２３年７月から２０２４年９月までのオンライン相談で、被害金額の回答のあった２３４名の相談者の被害総額は27億円、一人当たりの被害額は１１５２万円。アンケート調査と相談員の記録では完全な比較はできませんが、２０１９年以前と２０２３年以降とで、一人当たりの被害金額が2・6倍の差があることがわかります。

警察の２０２４年９月末の発表によると、２０２３年１月から２０２４年８月のＳＮＳ型詐欺の認知件数は７６６２件で、被害総額が９７４億円。一人当たりの被害金額が１０００万円を超える高額なものとなっていました。

この被害金額の高額化の背景には、短期間で大金を奪い取るＳＮＳ型投資詐欺が増加したこともあると考えられます。

２０１６年に「ストップ国際ロマンス詐欺」というホームページを立ち上げた当初、国際ロマンス詐欺やその他のＳＮＳを媒介としたオンライン詐欺は、いわゆる前払金詐欺が主流でした。２０１８年頃から、投資詐欺の相談はありましたが、２０１８年から２０１９年の相談（金銭被害あり）の僅か５％ほどでした。２０２０年から２０２２年末までの相談では、金銭被害のあった被害報告の24％が投資詐欺でした。そして現在（２０２４年）では８割近くが投資詐欺の相談となっており、投資詐欺がコロナ禍以後激増していることがうかがえます。

この２０２０年以降の投資型詐欺の急増については、国民生活センター・越境消費者センターが２０２２年に発表した「ロマンス投資詐欺が増加しています！」からもうかがえます。

種別		件数	被害総額
ＳＮＳ型詐欺		7662件	約974.3億円
内訳	ＳＮＳ型投資詐欺	5092件	約703.4億円
	ＳＮＳ型ロマンス詐欺	2570件	約271.0億円

表１：警察庁発表　令和６年９月末におけるＳＮＳ型投資・ロマンス詐欺の認知状況

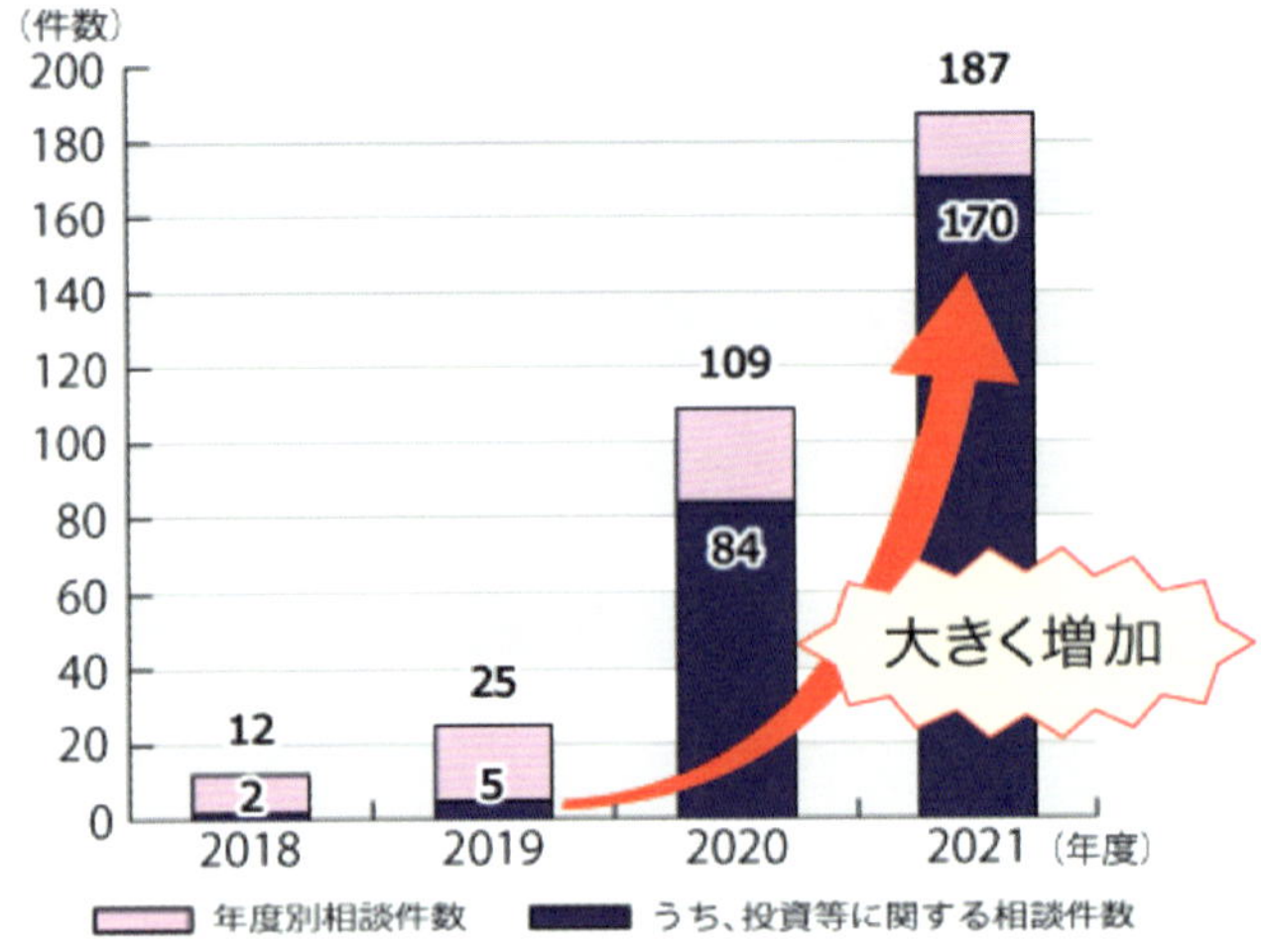

図２：国民生活センター越境消費者センター（ＣＣＪ）で2018年4月1日から2021年12月31日までに受け付けた相談。

アジア系写真の使用

２０１６年頃までは、国際ロマンス詐欺で日本人に対して詐欺師が使うプロフィール写真の多くは、欧米系の写真でした。

しかし近年はアジア系の写真が目立っており、中国や韓国の芸能人・モデル・インフルエンサーの写真が使われたり、日本人の実業家や医師の写真が使われているケースが増えました。

２０１８年から２０１９年にかけての被害相談では18％だったアジア系の写真が、２０２０年から２０２２年では38％に増え、最近の相談では詐欺師が使っていた写真の９割近くがアジア系の写真になっています。この背景には、アジア人はアジア系の写真のほうに親近感や安心感を持つという傾向が見られます。

機械翻訳の精度の高まり

機械翻訳は過去10年ほどで急速な変化を遂げています。２０１６年頃からＡＩを導入したニューラル機械翻訳が主流になり、翻訳の精度が改善されてきました。たとえば、Ｇｏｏｇｌｅ翻訳においては、従来の機械翻訳に比べて翻訳エラーが60％減少しました。日本語の翻訳はまだ完全とは言えません。しかし、中沢敏明氏（「機械翻訳の新しいパラダイム：ニューラル機械翻訳の原理」２０１７年、情報管理）によると、日本語と中国語の間の翻訳精度が、以前に比べて改善されています。これによって、中国語話者である詐欺師がチャットで使う日本語も、多少違和感があるものの意味が通じないものではなくなりました。

アジア環太平洋地域の投資詐欺

従来からある、前払金型の国際ロマンス詐欺は、主に経済的に難しい状況にある国が拠点でした。流出しているナイジェリアの詐欺師の訓練マニュアルによると、焦らず時間をかけて信頼関係を構築することが勧められていて、長いと1年近く時間をかけて信頼関係を構築してから詐欺行為に至ります。

一方で近年増えている投資詐欺は主にアジア・環太平洋地域が拠点とされていて、実際にカンボジア、ミャンマー、タイ、フィリピンなどで犯罪グループが摘発されています。日本国内でも、主犯格と思われるグループが逮捕されています。流出している投資詐欺のマニュアルによると、詳細なキャラクター設定や写真の選択方法などが示されていて、効率重視の傾向が見られることが特徴です。

ＳＮＳ型投資詐欺増加の政治・経済的背景

アジア拠点のＳＮＳ型投資詐欺が増加した背景には、カジノ産業が詐欺産業へ転向したことがあります。カンボジアのカジノ規制（２０１９年）や中国政府のカジノ渡航規制（２０２０年）、そしてパンデミックの影響でカジノ利用者が激減し、東南アジアのカジノ産業は大きな打撃を受けました。（参考：日本経済新聞２０２０年９月４日）

さらに、経済的不安や投資環境の変化により、投資への関心が高まりましたが、２０２４年の世界経済成長率は２・４％と低成長が続いています。（２０２４年１月、国連世界経済予告２０２４年版）

こうした世界的な経済低迷の中で、投資への関心が高まる一方、知識不足やＳＮＳの影響で詐欺被害のリスクも増大しています。

詐欺実行犯たちの背景

実は、詐欺実行犯たちも求人詐欺と人身売買の被害者です。ＳＮＳなどで高給な仕事として応募し、実際には犯罪組織が運営する偽装会社に監禁され、強制的に詐欺に加担させられます。拒否すると暴力や食事制限、屈辱的な罰を受けるため、抵抗できません。数十万人がこのような被害に遭っていると言われていますが、法的な取り締まりは難しく、救出されるのはごく一部です。

もし詐欺師が自分の状況を告白し助けを求めてきた場合は、自分で対応せず、強制労働をなくすための団体に連絡してください。（例：ヒューマニティ・リサーチ・コンサルタンシー）

インターネット環境の変化

国際電気通信連合（ＩＴＵ）の調査によると、２０２１年の世界のインターネット利用者数は約49億人に達し、パンデミック前の２０１９年と比較して約8億人増加しました。この増加は、ロックダウンやリモートワークによる需要の高まりが要因とされています。そして２０２４年２月には世界のインターネット人口は54億人、インターネット普及率は66％となりました。これにより、ユーザーがオンラインの詐欺に遭遇する確率も高まったと言えます。

暗号資産利用者の増加

暗号資産が初めて使われたのは、２０１０年５月22日のピザ購入取引です。２０１８年には全世界で約３５００万人が利用していましたが、２０２３年には６億７０００万人と約19倍に増加し、世界人口の約８・４％が暗号資産を利用していることになります。成長の要因には、ビットコインの価格上昇や機関投資家の参入、決済手段としての採用拡大が挙げられ、２０２４年には利用者が８億３３７０万人に達すると予測されています。

一方で、暗号資産は匿名性や追跡の困難さから詐欺に利用されやすく、ＳＮＳ型詐欺の送金手段としても使われています。

ディープフェイクの普及

ディープフェイク技術は、近年急速に発展し、広告やエンターテイメント業界、アパレルのプロモーション、さらには教育やトレーニング、ＡＲ／ＶＲ体験の向上など、さまざまな分野で活用されています。個人利用の面でも、ＡＩアバターを作成して写真をアニメーション化したり、絵画やペットの写真をしゃべらせるアプリなどが登場し、日常生活にも広がっています。

しかし、このような技術が善良な目的で進化する一方で、政治的なフェイク動画の拡散や詐欺などの犯罪活動にも利用されるようになってきました。

コロナ禍以前にも、事前に録画された動画をストリーミング配信し、まるで本人がリアルタイムで話しているかのように見せかける「チープフェイク」が使われていました。しかし、口の開け方などが合わないためこの手法には限界があり、ビデオチャットでは不自然さが露呈する可能性がありました。

ディープフェイク技術の進化により、口の動きや表情がより正確に再現されたビデオチャットが可能になり、被害者が詐欺師を本物だと信じてしまうケースが増えています。

CHARMS LINE相談で見られる傾向

ＣＨＡＲＭＳでは、２０２３年１月以来、ＬＩＮＥを通じてオンライン詐欺に関する相談を受けつけてきました。当初はロマンス詐欺に特化していましたが、恋愛要素の有無にかかわらず、基本的な手口が同じであることから、恋愛詐欺だけでなく「ＳＮＳを利用した投資詐欺」全般について対応しています。現在では、投資詐欺、従来の前払金詐欺も含めたＳＮＳ型詐欺の被害相談窓口として広く認知されています。

２０２３年７月から２０２３年４月まで９ケ月にかけて相談者から報告された被害総額は約27億円に上り、１人あたりの平均被害額は約１１５２万円と、２０１９年の調査時の平均被害額４４２万円の２・６倍に達しています。このことから、特に投資詐欺による被害が深刻であることが明らかです。

相談者の９割が被害者本人ですが、ご家族やご友人からの相談もあり、特に被害中の家族は説得の難しさや経済的不安を抱えています。これは、ＳＮＳ型詐欺が被害者だけでなく、その周囲の人々にも深刻な影響を与えるということを実感させられます。

被害者の年齢層は40代から50代が６割を占め、従来と変わりませんが、若年層やシニア層の被害も増加傾向にあります。ＣＨＡＲＭＳへの相談は、女性の相談者が７割と多くなっています。しかし警察の統計にもあるように被害者の男女比率は大きな差があるものではありません。

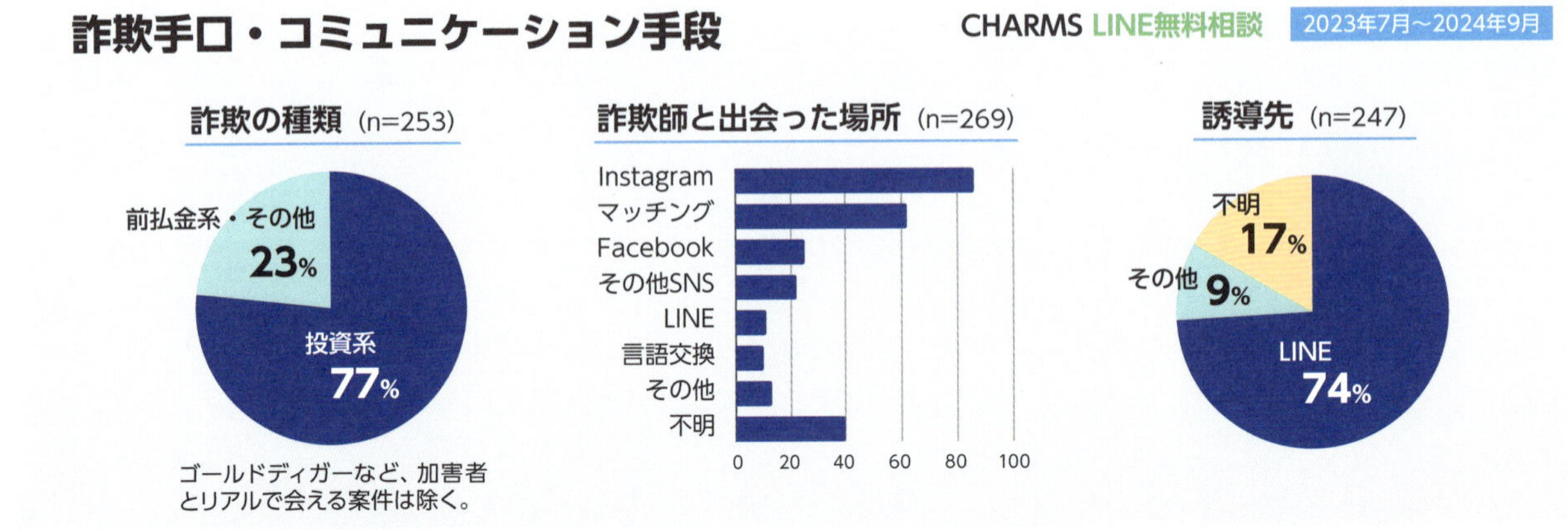

図３　CHARMS LINE 相談　相談者の属性

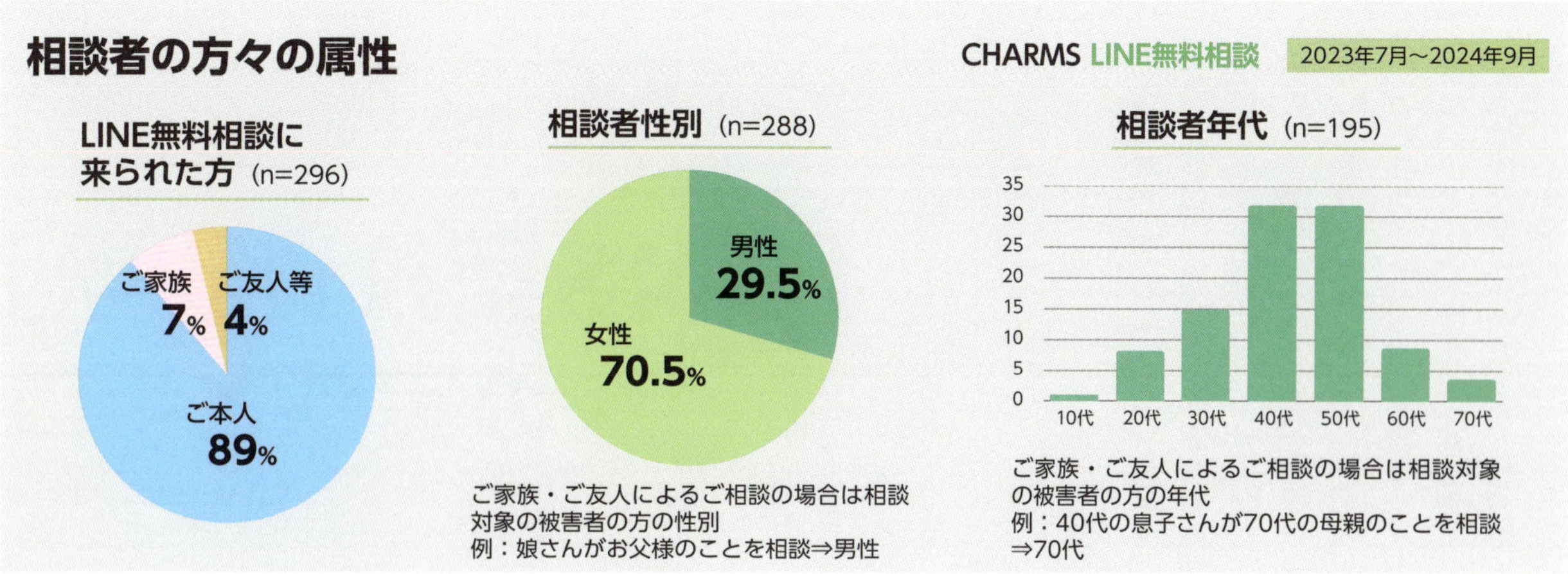

図4　CHARMS CHARMS LINE 相談　コミュニケーション手段

「狩り」から「グルーミング」への流れ

CHARMSのLINE相談者の約8割が、暗号資産やFXを含むSNS型投資詐欺の被害者です。その他にもゴールド、エネルギー資源、株式投資、ギャンブルゲーム、ドロップシッピング（ECショップ開業）を投資の対象とした報告相談が寄せられています。

また、前払金型の国際ロマンス詐欺も依然として存在しています。

相談者は、インターネットの交流サイトなどで詐欺師と出会い、そこからLINEへ移行するのが一般的な流れです。LINEは日本や台湾、タイなどで広く使われていますが、それ以外ではあまり使われていません。これらの国や地域以外のユーザーからLINEへの移行を勧められる場合は、詐欺の可能性が高いと考えられます。この移行はSNSやマッチングサービスの監視を逃れる目的だけではなく、詐欺グループ内の役割分担の一環で、「ハンティング」担当者から「グルーミング」担当者へと引き継がれるために行われます。

マネーミュール

マネーミュールとは、犯罪に関与していることを知らずに、犯罪に使われた資金を受け取り、他の場所へ送金する役割を担う人のことです。

投資型詐欺では、ごく初期の段階で被害者は投資アプリから儲けを引き出す手続きをした後、実際に自分の口座に個人名義からの送金を受けます。この個人名義から振り込んできた相手も、別の被害者や犯罪とは知らずに副業として指示通りに振り込んだ人である可能性があります。

LINE相談の相談者296名のうち99名が、個人の口座から振り込みを受けたと報告しています。

2024年には、日本でも投資詐欺の被害者がマネーミュールとして逮捕される事件が発生しています。

警察への相談

LINE相談では、約4割の方がすでに警察に相談しているものの、まだ相談していない方も同じく4割、残りの2割は相談時に警察に関して言及していないため不明です。警察への届け出は、振り込め詐欺等救済法に基づく措置で口座を凍結させて、振込先から被害金の一部の分配を受けるのに必要です。また、犯罪被害者の子どものための「まごころ奨学金」申請の際にも、警察に届け出ていることが犯罪被害者であることの証明になります。そのため、相談時には警察に相談したという記録を残すことの重要性を伝えています。

非弁提携弁護士への相談

詐欺被害をネット検索で調べる際、広告として上位に表示される法律事務所に相談した結果、さらにトラブルに巻き込まれるケースも多発しています。金銭被害のあったLINEでの相談者の4割がこのような法律事務所の無料相談を受けたり、契約をして金銭トラブルに発展しています。

リカバリー詐欺の相談

LINE相談には、過去に相談された方が再び訪れることがあります。相談内容として多いのが「リカバリー詐欺」に関する相談で、詐欺で失ったお金を取り戻せると誘われるケースが多発しています。

「SNS型投資詐欺」の実態と手口

近年増加している「ＳＮＳ型投資詐欺」、詐欺師がターゲットと信頼関係を築ければ、恋愛に限らず友人関係や疑似親子関係でも同じ流れで詐欺が進行します。

この詐欺の目的は信頼を得てマインドコントロールしてお金を騙し取ることです。恋愛関係のありなしは重要ではありません。

「ＳＮＳ型投資詐欺」基本的な流れ

「ＳＮＳ型投資詐欺」と、２０００年代からある「国際ロマンス詐欺」を含む「前払金詐欺」は、信頼関係を築いてお金を騙し取るという点で共通しています。これらは組織犯罪で、詐欺師たちは役割分担をして犯行を行います。

例えば、偽アカウントの作成やサイトの準備、アプリ管理など、複数の部門が関与します。

まず、ＳＮＳなどのコミュニケーションツールで偽アカウントを作成し、ハンティング（狩り）担当が大量のターゲットを集めます。日本人をターゲットにする場合、最近は9割以上がＬＩＮＥに誘導します。

ターゲットと1対1のやり取りを行うグルーミング担当者は、相手の話を聞き、悩み相談に乗りながら信頼関係を築きます。そして、信頼が十分得られた段階で投資や金銭を要求する流れになったところで、詐欺のスキルがより優れたクロージング担当者に入れ替わります。

すべてを食い尽くす詐欺手口

暗号資産を使った投資詐欺の手口は、以前は「ピッグブッチャリング」と呼ばれていました。しかし、被害者を「豚」に例える名称は好ましくないとして、２０２４年12月、国際刑事機構はこの呼び方をやめることを提唱しています。日本語での名称は「暗号資産投資詐欺」が適切と言えます。

基本的な流れは、ＳＮＳ型投資詐欺は皆同じです。偽の投資対象には暗号資産のほか、FXや株式、資源、金、ギャンブルゲームなども含まれます。

投資詐欺では、まず「グルーミング」と呼ばれる信頼関係の構築段階があります。この段階では、毎日メッセージを送り信頼関係を築き、徐々に投資話を持ち出します。

たとえば、「親戚が投資のプロだ」「投資でブランド品を買った」などと言って、被害者の投資への関心度を探ります。

信頼を得た後に「詐取」段階に進み、少額からの投資を提案します。最初は少額投資をさせて利益がでます。最初の成功体験で被害者は引き出しにも成功しますが、そのお金は他の被害者や「マネーミュール」（Ｐ７）からのものです。

次に、さらに大きな投資を勧められ「今がチャンス」と急かされます。成功体験により自信を持ったターゲットは、気づかないうちに預金や年収を超える金額を詐欺師に送金してしまいます。

その後大金を引き出そうとすると、税金や手数料が請求されるというパターンです。

多くの被害者は、手持ちの全額を使い果たすだけでなく、借金までさせられています。米国の投資詐欺の注意喚起や被害者支援を行う団体、ＧＡＳＯ（Ｇｌｏｂａｌ Ａｎｔｉｓｃａｍ Ｏｒｇａｎｉｚａｔｉｏｎ）の調査によると、調査対象の77％の被害者が貯金を使い果たすよう指示され、43％が友人や家族から借金を強要されたと回答しています。

有名人が投資を教えてくれる「投資勉強会詐欺」

ＳＮＳ型投資詐欺の一種である「投資勉強会詐欺」は、1対1で進行する他のＳＮＳ型投資詐欺と同様に、投資後にお金が引き出せなくなる点は同じです。詐欺師との出会いや投資までの流れが異なります。

この手口では、ＬＩＮＥやＷｈａｔｓＡｐｐ・Ｔｅｌｅｇｒａｍなどのグループチャットを利用して投資勉強会や講座を装い、権威性バイアス※や同調圧力で被害者を信じ込ませます。

※特定の人物や団体が持つ権威に強く影響されて判断や行動が偏る現象

グループに入る方法は、有名人の名前を使った広告やSNSのダイレクトメッセージ、または知らないうちにグループに追加されるなどさまざまです。グループには、「先生」（著名なエコノミストや経営者を装う）、「アシスタント」、そして一般参加者に見せかけた「サクラ」がいて、それぞれが儲かる投資を話題にします。サクラの発言や先生の権威により、被害者は「成功できる」と信じ込まされます。

投資対象は暗号資産、外国為替証拠金取引（FX）、株式（偽の新株式公開など）やゴールド、エネルギー資源など様々で、指定された方法で送金すると、最初は少額を引き出せますが、大金を引き出そうとすると手数料や税金を請求され、支払ってもお金は戻りません。最終的に詐欺グループとの連絡が途絶えます。

この手口では、有名人の画像や名前を無断で使用し、AIやディープフェイクを使ってその有名人が投資を勧めているかのように見せかけます。

将来のために
ネットショップを開業！
「ドロップシッピング詐欺」

「ドロップシッピング」は、在庫を持たず、顧客の注文を受けたらメーカーが直接商品を送るビジネスモデルで、一般のネットショップでも使われています。

一般的には「ドロップシッピング詐欺」は、ドロップシップをしているショップに消費者がお金を払ったにもかかわらず、商品が届かないという詐欺のことを指します。したがって被害者がネットショップを経営するパターンは本来はネットショップビジネス詐欺などと呼ぶべきですが、SNSなどではこの種の詐欺についても「ドロップシッピング詐欺」と言及されています。

この詐欺では、被害者は在庫を持たずにネットショップを開設し、注文があれば業者が発送すると信じ込まされます。しかし、実際の注文は架空で、顧客や売上は存在せず、被害者が支払った代金は詐欺師が指定した個人口座に振り込まれ、顧客が支払ったお金というのはサイト上に表示される偽物です。サイト上では利益が出ているように見せかけられますが、引き出そうとすると税金や手数料の名目でさらにお金を騙し取られます。

この手口は、ネットで知り合った交際相手や友人からのネットショップ運営の勧め、副業の紹介などの形で広がっています。

この「ドロップシッピング詐欺」に使われるサイトは、闇で売買されるドロップシッピング詐欺用のキットで作られており、同じ外観・構造で異なるURLやショップ名のものがインターネット上に複数存在します。

その他の詐欺：
若者がターゲット、
「セクストーション詐欺」

セクストーションは、若者をターゲットにした詐欺で近年増加しています。この手口は「セックス（性）」と「エクストーション（脅迫）」を組み合わせたもので、性的な画像や動画を利用して金銭を脅し取るものです。スマートフォンの普及や、セクストーションに対する教育や警告の不足が背景にあります。

詐欺師はインターネットで親しくなったふりをして、AV女優やモデルの映像、ディープフェイクを使い、裸の写真を交換しようと誘います。しかし、応じると、その画像や動画を公開すると脅して金銭を要求してきます。

また、ミドルやシニア層を狙ったセクストーションもあり、国際ロマンス詐欺においても、被害者が送金を拒んだ際に、過去に交換したきわどい写真や合成画像をばらまくと脅迫されるケースもあります。

従来からある
「国際ロマンス詐欺」との違い

2000年代からある「国際ロマンス詐欺」（前払金詐欺の一種）は軍人・軍医など戦地の人物や、途上国に派遣されたエンジニアや看護師などを名乗るアカウントが主流でした。恋愛感情を持たせるために過剰な愛の言葉やマインドコントロールを駆使して時間をかけて詐欺を仕掛けてきました。長い場合2年以上にわたり騙され続けたケースもあります。

しかし、現在の「SNS型投資詐欺」では儲け話がメインとなり、詐欺師の名乗る職業なども様々で、比較的短いスパンで騙されていく傾向があり、出会ってから1週間ほどで投資に誘われて被害にあうケースもあります。

CASE・1

CASE
被害金額
1500万円！

結婚に向けた資金投資、母から借りたお金まで失った

結婚を意識するＳＮＳでの出会い

川崎由紀子さんは14年前に父を亡くしてから、お母さんと2人暮らしです。「結婚のタイミングがなくて今まで独身のままでした」と由紀子さん。

２０２３年7月、由紀子さんの前に結婚を意識する男性が現れました。出会いはインスタグラムのコメントからでした。由紀子さんは、自身のインスタグラムに花の写真を沢山のせていました。「御用邸つつじの写真のコメント欄に、見知らぬ男性から『奇麗ですね』と書き込みがありました。そこで御用邸ツツジについて説明を返したところ、彼はリンハオという名の台湾人で10歳年下、大阪に仕事で来て1か月になるとのことでした。日本語は話せないけれど学びたいと、翻訳を使ってメッセージのやり取りが始まりました。

彼のインスタグラムに掲載されていた写真は日常生活で行った場所や食べたもの、彼自身の笑顔の写真など好感度の持てるものでした。

「でも、最初からあまりにもメッセージが頻繁だったので嫌になって、2日目に1度ブロックしたんですよね。あの時にやめておけばよかったです」と由紀子さんは言います。初日に何通もメッセージが来て、食事の間に返事を返さない時間があったら「どうしちゃったの？」と聞かれました。由紀子さんは、彼は日本に来て間もないので友達もいなくて寂しいのかなと思っていたそうです。1度ブロックはしたものの罪悪感にかられてブロック解除をしたら、すぐに彼から「元気でよかった」という反応があったそうです。

巧みななりすましのイメージ作り

その後、彼に離婚歴があって元妻は韓国人だったことや、両親がシンガポールに住んでいることなど、彼の身の上話を詳しく聞かされました。由紀子さんも、心を許して自分の話をするようになって2人は仲良くなっていきました。

1週間もしないうちにＬＩＮＥを交換したいと言われて、最初は断っていたのですが何度もしつこく言われてＬＩＮＥの交換をすることになりました。「ＬＩＮＥを交換してからはさらにメッセージが頻繁にくるようになりましたね。1日数十通と数えきれないくらいでした。『ごはん何食べた？』『ご飯何食べたい？』と良くきかれましたね」。

そして「君の呼び名を変えてもいい？」と言われて、これまで名前で呼ばれていたのが「ベイビー」「ワイフ」「ハニー」となり、「アイラブユー」と言われて、将来一緒に暮らす家を探したいと言われました。

「彼のことは母にも写真を見せて話していました。歯並びの奇麗な彼の笑顔の写真を見て、きっと良い育ちをしている人だと思うよ」と母も好印象をもっていました」と由紀子さんは言います。

彼が育ちが良いことは、送られてくる情報からもたびたび感じました。シンガポールにある両親の家は豪邸だし、ホームパーティをしたという豪華な食事は、家にいるメイドが作ったと聞きました。彼が運転している車の写真はＢＭＷだったし、飛行機での移動の写真はファーストクラスの機内食でした。

それもそのはずで、のちに詐欺に使われていた写真の主は台湾の有名な俳優だったことを知ったそうです。俳優の本当のインスタグラムから盗んだ写真やビデオを使いなりすましを行っていました。

日本で生活しているのを疑われないように、その日に食べた日本食やラーメンの写真も送られてきたそうです。

将来のための投資のお誘い

彼はシンガポールにある自然科学テクノロジーの会社で炭素関係の仕事に従事していて、日本には支店をつくるための準備で来ているとのことでした。実際に実在する会社のＨＰを見せられていたので、由紀子さんは疑うこともなく信じていたとのこと。

出会ってから2週間後くらいに彼から「投資に興味がありますか？」と聞かれたので、由紀子さんは投資信託をやったことがあることを伝えました。

すると彼が炭素排出権取引で、ひと晩に１２０万円を儲けた話を聞かされました。実際に銀行口座にあるお金を画像で見せてくれました。

炭素排出権取引市場は、中国の政策手段の一つであり、市場メカニズムを利用して、高エネルギー消費企業に、技術革新な

どによるGHG（温室量効果ガス）排出量の削減を誘導するきっかけともなっているため環境に良い投資先です。

「彼の説明は中国語だったので難しくて漠然としか理解できませんでしたが、環境にいいことだということは理解できましたし共感できました」と由紀子さん。

そこで、彼の勧めもあって試しに10万円を投資してみることにしました。彼から伝えられた口座は日本人の女性名の口座でしたが、疑うことなく送金したら翌日には1万円の利益が出て、同じ日本人口座から送金がありました。利益は事前にダウンロードさせられたアプリの画面で確認できました。

その2、3日後に由紀子さんは追加で40万円を投資し、利益が出ていることをアプリの画面で確認しました。

増え続ける投資金額とハプニング

その後もアプリ画面上では順調に投資金額が増えていきました。

彼から大きな金額を投資した方が利回りも良いよと誘われ、すっかり信じ切っていた由紀子さんが５００万円を投資しようとしたら、６００万円にしたほうがいいからと彼が足りない分の１００万円を補足してくれました。２人の将来のための貯金や家を購入する夢が膨らんでいきました。

すぐに対面で会わなかったのは出会いから3週間後に、会議のために彼がシンガポールに行く予定になっていたからです。8月11日にはまた日本に戻るとのことで、8月11日に空港で会う約束をしていました。

そしてハプニングが起こりました。投資金額が2倍に増えた時に引き出そうとしたら、アプリのカスタマーセンターからマネーロンダリングを疑われているので検証金が３００万円必要になると通知が届きました。

びっくりしてすぐにシンガポールにいる彼に相談すると、自分も疑われて検証金を支払うために親から借金をしたと。検証が終わったら戻ってくるので３００万円を保証金として預ければいいだけだから心配しなくていいと言われました。

その時には由紀子さんは自分のお金はすべて投資に使っていたので払うお金がありませんでした。彼からお母さんに借りなさい、すぐに返せるから大丈夫だと促されてお母さんに話をしました。

「実は母からは投資のお金もすでに１００万くらい借りていました。母は話を聞いて反対しましたね。騙されているのではないかと思ったようです。でもこの時にとにかく私は反対されても耳に入らないくらい彼を信じ切っていました」と由紀子さんは当時を振り返ります。

お母さんがしぶしぶ貸してくれた３００万円を送金して検証が終わったと連絡が来ましたが、次には所得税がかかるので税金を先払いしないと引き出せないという連絡がカスタマーセンターから届きました。

何が何だかわからない状況に混乱して彼に相談すると「何を言われているのかわからないので、僕からもカスタマーセンターに確認するね」と。その後、彼が問い合わせをしたところ、国際銀行から日本の銀行に送金するのに税金がかかるということを伝えられました。

詐欺に気が付いたときに

そんな渦中に家に立ち寄った弟に、由紀子さんは困っている状況を打ち明けました。弟からは「それは詐欺だよ」とすぐに断言されて、インターネットに出ているニュースをいくつか見せられました。

弟がその場で警察に電話をして警察からも詐欺だと言われ、認めざるをえない状況になりました。「それでも詐欺だと思いたくなかったです。味方だった母からはきつく責められるし、寂しくて苦しくてどうしていいかわからない状況でした」と由紀子さん。

8月11日に会えるはずの約束は、彼がシンガポールで病気になり血液透析を受けているという話で延期になっていました。彼に会えないまま、詐欺に気が付かされた時には夏が終わっていました。

「暫くは彼をブロックすることもできませんでした。仕事ではミスをするし、不幸のどん底でした」と由紀子さんはいいます。

そんなときに由紀子さんを支えてくれたのは、占い師からのアドバイスでした。「占いは良く利用していたのですが、この事件を打ち明けた時に、自分を許すこと、現実を受け入れること、この経験が必ず何かの役に立つので活かすために立ち直ることをアドバイスされました」と由紀子さん。その後、詐欺師をブロックして、仕事を増やしたり、メルカリで家にあるお金になるものを販売したり、自分なりにできる努力を続けてきたそうです。

取材者データー　川崎由紀子さん（仮名）

年齢	52歳	期間	2017年7月～（2か月）
境遇	独身	被害金額	1500万円
出会いの場	インスタグラム	被害届	相談のみ

CASE 被害金額 1500万円!

CASE・2

将来を約束した女性との
マイホームと社会貢献の夢を抱いて…

運命の出会いを信じて

「秋になると紅葉の写真を彼女に送っていたことを思い出します…」と山下康弘さん。

Ｆａｃｅｂｏｏｋのメッセンジャーを通して、秋葉という女性と出会いました。紅葉が好きな彼女の母がつけた名前だそうです。父が中国人で母が日本人だと言い、中国でピアノ教師をしていると。共通の友達繋がりだったことから友達申請を受け入れ、メッセンジャーでのやり取りが始まりました。

年齢は37歳、バツイチで子どもはいないということでした。最初は日常のたわいもない会話が続きました。1週間くらいメッセンジャーでやり取りが続いたある日、彼女が弾いているというドビュッシー「月の光」というピアノの動画が送られてきました。

「曲に癒されて欲しいと言われ、メッセンジャーのデーター容量だと送れないと言われたので、ためらいなくＬＩＮＥを交換しました」と康弘さん。

ＬＩＮＥを交換してからはメッセージが頻繁になりました。朝の「おはよう」から「お昼はは何を食べたの?」、夜の「おやすみ」まで楽しい会話が続きました。

彼女の父はすでに中国で亡くなっているとのことで、彼女は母の老後の面倒を見るために2か月後には日本に来るという話でした。

康弘さん自身は30代前半にイギリス留学経験があり、独身を謳歌していて婚期を逃し、高齢の母の介護中でした。彼女とは親の介護という共通項がありました。

「彼女はお母さんの介護をしなくてはならないので、結婚は考えていないと言っていたのですが、お母さんの住まいを聞いたらびっくりすることに隣町だったんです」と。それを知った彼女から「あなたは運命の人だと思う」と言われたそうです。そして彼女の写真が何枚か送られてきました。Ｆａｃｅｂｏｏｋには顔写真のアップなどはなかったので、送られてきた写真を見たときに、康弘さんは奇麗な人だなと感じたと言います。

不幸な身の上話に同情して

普段のやり取りから、彼女は裕福な生活をしていることを感じさせられました。国際経済学者である叔父さんから、指導を受けながら投資をやっているということでした。

「あなたもやってみませんか?と何度が誘われましたが、私は全く興味がなかったので彼女が日本に来てから考えてみますとお断りしていました」と康弘さんは言います。

ある日、彼女からマンションの前で見知らぬカップルが争っていて、男性が女性に暴力をふるっているのを見たという連絡がきました。その時に彼女は過去のトラウマを想い出してしまったと落ち込みながら、辛かった経験を康弘さんに詳細に打ち明けました。

両親が離婚したあとに父子家庭で育った。父はアルコール依存症で事故で亡くなり、小学校中学年から叔父に育てられた。学校では母が日本人ということでいじめにあっていた。そして、結婚後は夫の暴力に悩まされて離婚したという話でした。

「結婚する前は優しかった夫が浮気して、問いただしたら暴力をふるわれたという話を聴いて同情して、守ってあげたいと思いました」と康弘さん。そこで改めて彼女に「お付き合いしませんか?」と告白したそうです。

それから彼女を「秋葉」と名前で呼ぶようになり、彼女からは中国では恋人を「お兄さん」と呼ぶと言われてそう呼ばれるようになりました。

障害者支援を仕事にしている康弘さんは、日ごろから社会貢献に興味が強く、それを知った彼女からは自分と叔父さんは投資で儲けた利益を寄付しているという話も聞きました。東日本大震災の時にも20億円の寄付をしたと。

そんな話を真に受けてしまったのは、彼女の叔父さんが香港大学の名誉教授で有名な国際経済学者だと聞き、その名前をネットで調べたら実在する人物だったことからだそうです。

断り続けていた投資の話ですが、彼女と将来の話が進む中でお互いのお母さんを一緒に介護するために家を持とうという話になりました。また、「苦しむ人々を救うためにも資金が必要だし、一緒に幸せな家庭を築いて寄付で苦しむ人々を助けましょう」と言われて心が動いたそうです。

叔父さんから投資を教えられて

「秋葉から、『叔父が年内で退職するからその前に紹介するので投資を一緒に学んで欲しい』と言われて、彼女の添削を受けて叔父さんに送る挨拶メールを書きました」と。叔父さんからは「あなたの話は秋葉から良くきいています」とすぐに返事がきたそうです。

　その後、ＬＩＮＥで繋がっていくつかの質問を受けました。「最愛の姪の夫になる人の財産を知りたい」と言われ、康弘さんは素直に自分の財産も開示してしまったそうです。

「いきなり投資の話ではなく、最初は人生論みたいな話を聞かされました。幸せについてどう考えているかと聞かれたり、自分の弟子になる人は勇気が必要ですと言われたり、投資もあなたにあった進め方を教えるからと言われました。徐々にマインドコントロールされていたんだと思います」と康弘さん。

　アプリをダウンロードさせられて言われるままに10万円を送金したら、アプリ上ではすぐに11万円になりました。「叔父さんから、秋葉は最初に利益が出た時に記念品を買ってプレゼントしてくれたという話を聞いたので、私も1万円をおろして皮の財布を3つ買いました。自分用と彼女と叔父に渡すためです」と。

10年に一度の国際金取引

　お金が増えて引き出すこともできることを確認したので、すっかり信じた康弘さんは３００万円、５００万円と投資金額を増やしました。投資金額はアプリ上で順調に増えていきました。

　そんなある日、叔父から10年に1度しかない国際金取引があるので参加しないかと誘われました。すでに自己資金は出し切ってしまっていたのですが、すぐに返せるから借りてでも投資したほうがいいと言われ、一緒に投資を学んでいた彼女も借金をして投資すると聞き、康弘さんも金融会社3社から４００万円の借り入れをして追加投資しました。

　その後、順調にお金は増えて総額1億3千万円になりました。叔父からは「姪と喜びをわかちあってください」と祝福されて、2人とも叔父さんの生徒として成功を手に入れた喜びを分かち合いました。

　しかし、喜びもつかの間、突然、アプリの画面が今までにみたことのない画面になってしまい、驚いて叔父さんに伝えると、自分も驚いているので確認を入れるから待つように言われました。

　その後、叔父がカスタマセンターに確認すると、マネーロンダリングを疑われてシステムが凍結されてしまったと伝えられました。凍結解除のために１７００万円の支払いが必要になると。

「もうこれ以上は出せないと思って、自分から終わりにしました。途中、友人2人にお金を貸してほしいと頼んだ時に『国際ロマンス詐欺じゃないの?』と言われていたのですが、ここにきて初めて私はインターネットで調べました」と。

　その後、自助グループを検索して、ＣＨＡＲＭＳの無料ＬＩＮＥ相談にたどり着き、アドバイスを受けて警察に被害届を出しました。

お母さんの励ましと支えがあって

　康弘さんは一緒に暮らす97歳の母に投資を学んでいるという話はしていましたが、投資しているという話はしていませんでした。

「母のお金も私が管理していたので増やしてあげたいと、実は母の貯金からもお金を出してしまっていたので、言わないわけにはいかずに打ち明けました」と。

　お母さんは康弘さんから話を聞いてびっくりして言葉を失ったようですが、責めることもなく「しょうがないよね」と声をかけてくれたと言います。

「母は一緒になって考えてくれました。借金してしまったお金を何とか先に返そうと上司に相談することを進めてくれました」

　その甲斐があって、金融機関から借り入れした４００万円は会社の上司が肩代わりしてくれて一括返済できたそうです。

「被害のあとに前を向いて頑張ろうとする私を、見守って応援してくれた母には感謝しかありません。先日、亡くなりましたが最後まで優しくそばにいてくれました。亡き後も母が励まし続けてくれているような気がしているので、自分は前を向いて頑張っていこうと思っています」と康弘さんは語ります。周りに理解者がいるということは被害克服のためには不可欠です。

取材者データー　山下康弘さん（仮名）

年齢	60歳	期間	2023年11月〜（3か月）
境遇	独身	被害金額	1500万円
出会いの場	Facebook	被害届	済

CASE・3

CASE
被害金額
2200万円！

貯金感覚で始めた投資で全財産を…

マッチングアプリでの出会い

「精神疾患の夫との生活に耐えられずに離婚しました。離婚から9年、2人の子ども達のために蓄えた貯金を詐欺ですべて失いました」と山本雅美さん。

結婚生活10年間は、統合失調症の夫の被害妄想や攻撃的な態度に悩まされ離婚しました。現在、お子さんは17歳（男）と12歳（女）、これから進学にお金のかかる年齢です。

雅美さんは、新卒採用された大手企業で長く働いています。結婚しても仕事を続けてきたので離婚後、夫からの養育費をあてにしなくても自立したシングルマザーとしてやってこれました。

「マッチングアプリは以前から使っていたので、本当に気楽な気持ちで友達ができればいいなと利用していたんです」と雅美さん。

ある日、雅美さんあてにアランというドイツ人男性からメッセージが届きました。笑顔の優しい清潔感のあるプロフィール写真に好感を感じたといいます。彼からはすぐにLINE IDが送られてきました。

「メッセージは本当にマメでした。バラやキスマークの絵文字などをよく使って、日本語もカタコトではありましたがひどく下手な感じもなかったし、もともと私が英語が話せるのでコミュニケーションは問題なくできました」と。

年齢は45歳、港区在住で東京タワーの近くのマンションに住んでいるといい、住所も教えてくれたそうです。

3年前に日本に仕事で来て、ベンツの商社に勤めている。父親はドイツでレストラン経営をしていて、お姉さんは医者をしているというエリート家系でもありました。

「私がプロフィールに犬が好きと書いていたからか、アランは柴犬を飼っていると言っていました。一緒に散歩に行きたいねと言われ、よく愛犬マックスの写真を見せてくれました」と雅美さんは詐欺師とのやりとりを振り返ります。

裕福な生活を垣間見るやりとり

「今思えば時差があるからですね。彼は朝は忙しいといって最初のメッセージが来るのが毎日、午前10時でした。そこから寝るまで、頻繁にメッセージのやり取りが続きました」と。絵文字を上手に使った愛情表現は、外国人ならではなのかなと雅美さんは感じていたそうです。寝るときにはLINEスタンプで、男女が抱き合って仲良く寝ているスタンプが良く送られてきたそうです。そして「一緒に寝よう」というのが彼の常套句だったとか。

また、彼の食事はいつも外食で、会食で食べた高級ディナーコースの写真などが送られてきました。ベンツのディラーに出張している時の写真、ゴルフに向かう車の写真は、イギリスの高級車ベントレーにゴルフバックが写りこんでいるものでした。

ある日、銀座に買い物に行くといって出先から届いたLINEには、自分の物は買わずに雅美さんにプレゼントを購入してきたと、ルイヴィトンのバックの写真が送られてきました。

「遠くに住んでいるわけでもないのですぐに会おうと思ったのですが、彼にそれを提案すると誕生日が3月26日だから特別な日に会いたいと言われました。1か月くらい先だけど楽しみに待とうと思っていました」と雅美さん。

投資の誘いに最初は5万円から

「彼の裕福に見える暮らしは投資で利益を得ているからだという話は、出会ってすぐに聞いていました。でも私は全く投資に興味がなかったので詳しく聴くこともありませんでした」

ある日彼から、日本人の多くは資産形成に疎い、なぜ将来を見据えて自己資産を増やそうとしないのかと言われました。彼の叔父が投資のスペシャリストでそのおかげで彼も利益を得ていると言い、銀行口座にある多額の貯蓄の写真も見せられたそうです。しかしそれでも雅美さんは投資をしたいと思わなかったので、その貯金がいくらだったのかすら今は覚えていないといいます。

雅美さんはアランから「教えてあげるからやってみないか」と何度か誘われて、断り続けるのも悪いと思い、ゲーム感覚で5万円だけ投資してみることにして、投資アプリをダウンロードしました。その後、彼が言う口座に5万円を送金するとアプリの画面上で5万円が操作できるようになり、彼に教えられるままに株の売り買いの操作を行いました。操作後には5万円が6万5千円になり、1万5千円の利益がでました。その後、カスタマーセンターを名乗る人物とLINEでやりとりをして、出金手続きをとると、翌日には6万5千円が雅美さんの口座に振り込まれました。

成功体験をもとに、次に雅美さんは200万円を貯金から投資することにしました。

増え続ける投資金額と投資の操作

「入金した200万円がアプリの画面上では日々増えていきました。アランからは僕が教えるとき以外は画面操作をするなと言われていたので、自動的に高金利で増えていく銀行口座のような感覚でした」と雅美さんは言います。

何度となく夜にアランから連絡がきて「今時間ある？僕がいうとおりに操作して」と売り買いの操作を1時間くらいさせられることがありました。言われるとおりに操作すると、画面上ではお金が増えていきました。こうして雅美さんは、自分の貯金をすべて投資で資産運用していく気持ちにさせられていきました。

利益に対する税金についても気になり、自分なりに調べたところシステムの中にあるときには税金はかからないと知り、銀行口座に低金利で貯金を置いておくよりもいいと思ったそうです。

貯金をすべて投資したあとに、彼からお金を借りて投資を続けようと言われました。銀行口座から400万円の借り入れができたのと、彼からローン会社のリストを渡され、いっぺんに借り入れ申請を出したら3か所から1千万円の借り入れができました。

流動資産金が必要?!

元本は合計1500万程になりましたが、利益がついて合計は4千万円以上になっていました。

「そのまま置いておけば税金はかからないし貯金だと思っていればいいかなと思い、私からお金を引き出したいとは言いませんでした」と雅美さん。

その時期、彼のLINE IDが変更されたとのこと。ここで犯罪詐欺集団の役割が他の人に変更されたのだと推測されます。（さらにお金が引き出せると見られ、慣れている詐欺師にバトンタッチした）

アランのほうから「今日は全額を引き出そう」と言われたそうです。アプリの画面操作を教えられて、雅美さんは手順通りに手続きをしました。翌日にカスタマーセンターから連絡があり、金額が大きくなりすぎて流動保証金を入れないとお金は引き出せないと言われました。424万3866円がかかるとのことでした。

「この時点でアランのことは全く疑ってなかったのですが、投資会社の詐欺ではないかと疑って彼に聞きました」。アランからは「良くあることだし、僕も前に同じ経験をした。保証金はすぐに戻ってきて、お金も引き出せるようになるから大丈夫だよ」と言われたそうです。

この時には雅美さんには、絶対に手をつけないと決めていた子供たちの貯金だけがありました。「2人の子ども達の進学資金でした。彼にはお金がないと伝えたのですが、すぐに返せるから誰かに借りるべきだと言われ、冷静な判断もできないまま、お金を取り返さなくてはならないという気持ちで子どもたちの貯金に手をつけてしまいました」と雅美さん。

その後、マネーロンダリングを疑われているので再度、保証金が必要だと言われて、雅美さんは2度にわたって子どもの口座から送金を行ってしまいました。それでもお金が引き出せないとカスタマーセンターから3度目の連絡があり、雅美さんは詐欺だと確信しました。

詐欺被害から学んだこと

子どもの貯金にまで手をつけてしまって、雅美さんは目の前が真っ暗になり、顔面蒼白状況だったそうです。藁をもつかむ気持ちでネット検索して弁護士相談を受けましたが、これも後日、二次被害だということを知りました。100万円という高額な着手金は紛議調停をおこして90万円は取り返すことができましたが、ここでもまたお金を失う被害にあっています。

警察に被害届を出して、お金が戻ってこないことも確信して家族にも話をしました。

「子どもは泣きました。これまで頑張ってきた進路の目標を果たせなくなったり、生活が激変することが心配だったようです。そんなことにはならないよと両親が助けてくれました」と雅美さん。ご両親が心配して駆けつけてくれてお金も貸してくれたそうです。

トラブルの最中、自分一人で何とかしなければと頑張ったことがこんな結果になってしまった。もっと早くに回りに相談し、頼れば良かったと思ったそうです。被害後は親に助けられ、家族がいることに感謝して、自分を責めないで前を向いて頑張ろうと思えたといいます。

取材者データー　山本雅美さん（仮名）

年齢	44歳	期間	2023年1月～3月（1か月半）
境遇	シングルマザー	被害金額	2200万円
出会いの場	マッチングアプリ	被害届	済

CASE
被害金額
3000万円！

CASE・4

暗号資産投資詐欺で独立起業の夢が壊された！

何気ないSNS投稿からの出会い

「ある日、ジブリのアニメ『魔女の宅急便』を観ていたとき、うちの猫が黒猫のジジに反応したのが面白くて、写真を撮ってインスタグラムに投稿しました。すると、その投稿に『猫ちゃん、かわいいですね』と見知らぬ女性からコメントがありました」と木村弘明さんは詐欺師との出会いを語ります。

その頃、オンラインの詐欺であるとは想像もつかず、彼女もジブリのアニメが好きなのだろうと思って、ごく普通に「ありがとうございます」と返したのでした。

それがきっかけでメッセージのやりとりが始まりました。彼女の名前はエイミー・リー、30歳のバツイチ女性で東京在住の韓国人起業家というプロフィールでした。

1週間くらいは、インスタグラムのメッセンジャーで自己紹介と日常的なやり取りが続きました。「LINEを教えて！」と言われた時にも、何も疑う理由もなかったので弘明さんは軽い気持ちでLINE IDを交換しました。

彼女は、東京でコスメの会社を経営しているとのことでした。趣味はピアノとテニス。忙しい日常の中でも趣味もこなし、充実した毎日を送っている様子でした。

やりとりの中で、彼女の自宅マンションの広くて奇麗なリビングルームや、都内の高級ホテルのアフタヌーンティの写真などが送られてくることもありました。

外出時の彼女の出で立ちは、ブランドを身に着けていつもお洒落な感じでした。ブランド品には詳しくない弘明さんでも、ヨーロッパのハイブランドは見分けがつきました。

「彼女の話や写真から垣間見る輝くような成功者の暮らしに、関心と憧れが掻き立てられましたね」と弘明さん。

暗号資産投資の甘い誘惑

2週間にわたる毎日のLINEのやり取りで、弘明さんは彼女をとても親しい友人として意識し、信頼するようになっていきました。

地方に暮らす弘明さんにとっては、東京は遠い場所でした。彼女と気軽に会えないのもわかっていましたが、彼女の方から「あなたに会いに行きたい」と言われて、1か月後には彼女が旅行で訪れることも約束していました。

そんなある日、彼女の叔母が暗号資産の投資で成功している資産家だという話をしてきました。叔母は専門アナリストのチームを持っていて、そのチームが暗号資産の相場を分析してくれて、アドバイス通りにすると非常に儲かるというのです。暗号資産は変動が激しいけれど、タイミングをしっかり見てお金をかけたり、売ったりすれば、間違いなく儲かるとのことでした。

彼女自身もアドバイスを受けて投資をしているとのことで、投資アプリのスクショを見せてもらうと、非常に大きな利益が出ている様子がみてとれました。

「すごいですね、さすが社長ですね」と弘明さんがいうと「あなたも少しやってみませんか？」と誘われ、弘明さんは興味を持ち、さらに詳しく話を聞いてみることにしました。

弘明さんの夢は、実績を積んできた建築の仕事で、独立して経営者になることでした。そのためにこれまで貯蓄もして準備をしてきました。「上手くいけば夢が前倒しにできるかもと期待しました」と。

詳しく話を聞くと、投資をするには、アプリをダウンロードする必要があると言われました。しかし、スマホのアプリストアにないアプリは、セキュリティ上ダウンロードしないほうがよいとよく言われています。弘明さんは大丈夫なのだろうかと疑問を抱きながら、彼女に聞いてみると「この投資のアプリはモルガン・スタンレー社が運営するものだから安心してね」と言われました。

「モルガン・スタンレー」という会社は本当に大丈夫なのだろうかと疑問に思った弘明さんは、自分なりに調べてみることにしました。その結果、米国のモルガン・スタンレー社は、アメリカ・ニューヨークに本拠を置く世界的な金融機関グループで、JPモルガンやゴールドマン・サックス、メリルリンチ等とともに、投資銀行業務の幅広い分野においてリーグテーブル上位に位置する名門投資銀行と言われている。日本の三菱UFJフィナンシャル・グループが筆頭株主でもあることを知りました。

弘明さんはそこですっかり信用してしまったのでした。ここで見落としていたのが、モルガン・スタンレー社を名乗る偽物もありうるということです。

しかし、この時は、モルガン・スタンレー社は存在する大手の証券会社で、そこが運営する投資アプリと言われて大丈夫だとすっかり安心してしまったそう。

わずかな額で成功体験へ

弘明さんは、彼女の勧めに応じて投資を始めてみることにしました。投資アプリのカスタマーサービスから伝えられた個人名義の銀行口座に、彼女から伝えられた叔母のアドバイスどおりに10万円振り込むと、数日も経たないうちに、驚くことに日本円換算で5万円の利益がアプリの画面上で表示されていました。確かに専属アナリストチームが言っていた通りだと弘明さんは確信しました。

利益を確認できた後、彼女は儲かったお金を引き出すように弘明さんに勧めてきました。弘明さんがお金を引き出す手続きをすると、引き出し指定をした金額が日本国内の個人の銀行口座から弘明さんの銀行口座へ実際に振り込まれました。

最初の操作で投資の儲けを振り込んできた名義人も、その後弘明さんが振り込んでいった投資の掛け金の振込先名義も、毎回異なる日本国内の個人名義の銀行口座が使われていました。「今思うとおかしな話でした。その時におかしいと思えばよかったと思いますが、当時は『そういうものなんだ』と自分の中で納得していました」と弘明さんは振り返ります。

最初の成功体験は、モルガンスタンレー証券のアプリと叔母の専属アナリストチームへの信頼を高めていきました。

そしてその後、弘明さんはアナリストチームの予測に従って、10万、50万、100万、300万と、次々と掛け金を増やしていったのでした。そして、お金をかければかけるほど莫大な利益が上がるのです。ついに、自分の手持ちのお金を使いつくし、親からもお金を借りて、全部で1500万円振り込んでしまいました。

アプリ上に表示される金額は、借りたお金をはるかに上回っているのです。弘明さんは、最終的に目標とした金額になれば、お金は返せるのだと信じきっていました。

お金が引き出せない！ 詐欺の発覚

投資の元本と利益の合計が一か月ほどで4500万円に達したとき、彼女の勧めもあり、弘明さんはお金を引き出してみることにしました。

「これで夢が果たせる」と期待をしながら、お金を引き出そうとすると、投資アプリのカスタマーサービスから、出金するには手数料として1500万円を支払う必要があると言われました。

「そんなにお金がかかるのかと思いましたが、ここまで来るとあとには引けない。何としても引き出すための1500万円を工面しなければと思いました。

しかし、もう自分の手元にお金もなく、親にこれ以上借りるわけにもいかない。そこで会社の上司に相談したら、お金をポンと貸してくれました」と弘明さんは言います。

しかし、借りたお金で何とか1500万円を支払っても、まだ投資の元本と利益が引き出せないのです。アプリのカスタマーサービスは、更に保証金として600万円を請求してきました。

エイミーに相談すると、この保証金を支払えば間違いなくすべて返ってくるからと言います。でも、弘明さんにはもうこれ以上お金を借りるあてがありませんでした。そのことを彼女に伝えると、「私が200万円ほど出すから残りを何とかして」と言ってきました。弘明さんは「もう本当にこれ以上無理だから…」とエイミーに伝えた後、何とかお金を出させようとしているエイミーの態度に不信感を感じました。インターネットで調べてみると「国際ロマンス詐欺」「SNS型投資詐欺」という言葉が目に留まり、この時初めて騙されたと気づいたのでした。

被害のあとで…

「詐欺だったと気が付いたときには彼女に対する怒りの気持で、罵倒する言葉を沢山送信しましたね。でもそんなことをしていてもお金は戻ってこないし、何とかしなくてはならないと我にかえりました」と弘明さん。

被害によって独立の夢をあきらめ、趣味のために使っていた物も借金を返すために手放さなければならなくなりました。

「母に打ち明けたときに『やってしまったことは仕方ない。命とられたわけではないので良かった！』と励まされて、自分も前を向いて頑張らなくてはと思えました」と。

詐欺に遭った後、弘明さんは周囲の人々の助けを得て、債務を返済していく道を歩み始めることができました。友人や上司に借りたお金は家族が返済してくれて、今後はすべての借金は家族への返済という形になりました。「今は副業もして休みなく働いています。少しずつですが、家族に借金を返しているところです」と言います。

取材者データー　木村弘明さん（仮名）

年齢	45歳	期間	2023年5月～（1か月半）
境遇	独身	被害金額	3000万円
出会いの場	インスタグラム LINE	被害届	相談のみ

被害後にとるべき行動とその支援

詐欺被害に気が付いたら動転して何からしたらいいのか、誰に相談したらいいのかわからなくなって焦ってしまうのが被害者心理です。そんなときには闇雲にインターネットで検索しがちですが、インターネットには二次被害と呼ばれる危険が沢山潜んでいます。

ネットを介して騙されたのに、さらにネットで二次被害を受けないように注意したいものです。

すぐに警察へ連絡

被害に気がついて最初にしてほしいことは、勇気を出して最寄りの警察署（特殊詐欺相談窓口）に連絡することです。

警察に行く前に状況を説明できるものがあるか確認しましょう。

参考例

- 詐欺師と接触したアプリ
- ラインのトーク履歴
- どの金融機関から、どの金融機関へ振り込んだかの記録

詐欺師とのやり取りを整理して何日に詐欺師と接触し、何日にお金をいくら振り込んだなど事前にメモをしておくと説明がしやすくなります。

警察に状況を説明するには数時間かかる場合もあります。時間は余裕をもって確保しておきましょう。

状況を説明したら、警察の相談記録や被害届受理番号を発行してもらうようにしましょう。

詐欺にあったという記録を残しておくと、給付金申請やその後の調査の進行を確認するのに役立ちます。「給付金申請のため」と伝えるとわかりやすいでしょう。

詐欺にあったという記録があると、まごころ奨学金など制度の証明として有効になります。

「まごころ奨学金」とは、「振り込め詐欺救済法」に基づく預保納付金を活用し、高校、大学、大学院、短大、専修学校（専門課程・高等課程）の通学を希望している犯罪被害者の子どもを対象に給付が受けられる制度です。

振込先口座を凍結（国内口座）

振り込んだ口座にお金がまだ残っていれば、取り戻せる可能性があります。

２００８年６月21日に「振り込め詐欺救済法」が施行されており、振り込んだ口座が犯罪利用預金口座等である疑いがあると認められれば、口座を凍結（取引停止）させることができます。

個人でもできるとされていますが、犯罪利用預金口座であることを証明するのが難しいので、警察を通して口座凍結をお願いするのがスムーズです。

インターネットの広告にはこの手続きを代行してやってくれる、弁護士事務所がありますが、高額な着手金がかかるので警察に相談することをお奨めします。

「振り込め詐欺救済法」の依頼

口座を凍結（取引停止）後、金融機関へ「振り込め詐欺救済法」を適用してもらえるように依頼しましょう。

「振り込め詐欺救済法」とは、振り込め詐欺等の被害に遭われた方のために、金融機関の犯罪利用口座に振り込まれ、口座に滞留している犯罪被害金の支払手続等を定めた法律です。

被害に遭った国内口座に残金があればそれに対する口座名義人の権利を失わせる手続が行われます。

被害者がひとりで、かつ対象の犯罪利用口座にお振込みした総額が当該口座に滞留している場合、被害金は全額支払われます。

犯罪利用口座に滞留している残高が被害金の総額より少ない場合には、金融機関は口座残高を超えて被害金の支払を行うものではありません。また被害者が複数の場合には、被害者間で振込金額に応じ按分することとなります。

多くの被害者が被害後に申請していますが、少ない残高から戻ってくる金額は微々たるものでしかないことが多いです。

それでも戻ってくる可能性はゼロではありませんので、忘れずに手続きをとりましょう。

個人情報とデバイス保護

国際ロマンス詐欺、ＳＮＳ型投資詐欺などでは、被害者が詐欺師に個人情報を提供してしまっている場合が少なくありません。もし、個人情報を提供している場合、セキュリティのための措置が必要です。

■住所・氏名・電話番号を伝えてしまっている場合

個人を特定できる情報、住所・氏名・電話番号を知られている場合、個人情報

が犯罪に悪用される危険はあります。

たとえば手紙や電話を使って「あなたの情報が漏えいしている」「漏えいした情報を削除できる」などとして不審なコンタクトを受けることもあるかもしれません。そのような手紙や電話、SMS、メールを受け取った場合、国民生活センターや警察に相談してください。

免許証やマイナンバーカードの画像を送ってしまっている場合

SNS型詐欺は組織犯罪で、個人情報は同じ詐欺団内で悪用されたり、他の犯罪組織に売られたりします。免許証やマイナンバーカードなどの写真などを含む個人情報を送ってしまった場合、画像の悪用等でカードや銀行口座を勝手に作られないように「本人申告※」をおすすめしています。

※手数料がかかります。

危険サイトアクセス後の措置

被害者から偽の投資サイト・暗号資産取引所・ドロップシッピング詐欺のECショップのURLをうかがって検査すると、フィッシングやマルウェアが仕組まれているという検査結果が出ることが少なくありません。つまり、不特定多数にあてたスパムではなく、被害者の方に特化した情報詐取に誘導されたということになります。

銀行口座

全銀協に本人申告する場合こちら
https://www.zenginkyo.or.jp/pcic/return/

クレジットカード

※ CICとJICCは連携しているのでどちらかでよい。

CICに本人申告
https://www.cic.co.jp/mydata/declaration/online.html

JICCに本人申告
https://www.jicc.co.jp/comment

危険サイトアクセス後の措置
https://www.antiphishing.jp/contact_faq.html

偽サイトに登録した際に入力したユーザネーム、パスワード、アカウントID、ATMの暗証番号、クレジットカード番号といった個人情報は、被害者が利用しているオンラインバンキングやECサイトなどお金を使うサイト、SNS、電子メールなどに不正アクセスなどに利用される可能性があります。

また、マルウェアが仕組まれている場合、入力していない個人データが盗まれたり、PC内のデータが改ざんされる、或いはオンライン行動が監視されるということも考えられます。

フィッシングで犯罪者に提供してしまった情報によってとるべき行動は様々です。フィッシング対策協議会のホームページではどのような措置をとるべきかを説明しているので、参考にしてください。

パソコンやスマートフォンの対策
デバイスの確認

（1）インターネット接続を切断する。
（2）偽投資サイトや偽ECサイトを表示しているブラウザを閉じる。
（3）セキュリティチェックをする。最新のウイルス対策ソフト（有料版）を使用して、デバイスの完全スキャンを行なってください。もし複数の機器でそのサイトを使用していた場合、すべての機器で確認するようにしてください。マルウェアが検出されたら、ウイルス対策ソフトの指示に従って対処してください。

パスワードの変更

サイトにパスワードを入力している場合、同じパスワードや似たような傾向のパスワードを使っていると、それをもとにオンラインバンキングなどに不正アクセスされる可能性もあります。

サイトにパスワードを入力したりしていない場合でも、詐欺師とのコンタクトを通じて様々な個人に関する情報が知られてしまっています。名前や住所、お子さんやペットの名前、自分やお子さんの誕生日や大切な記念日などを使ったパスワードは、簡単に破られる可能性があります。パスワードを複数のサイトで使い回しをしていると、それも不正アクセスに使われる可能性があります。パスワードの変更をしてください。

アンケートから見る

SNS型詐欺の実態

調査概要

調査の目的と背景

近年、SNSの普及に伴い、SNSを悪用した詐欺被害が急増しています。特に、投資への関心や恋愛感情につけ込む「SNS型投資詐欺」は、被害額も膨大になり、社会問題となっています。CHARMSでは、この深刻化する問題に対し、より正確な現状把握と効果的な対策を講じることを目的として、本調査を実施しました。

2019年の調査以来、被害状況はさらに悪化の一途を辿っており、新たな手口やターゲット層の変容など、多岐にわたる変化が確認されています。そこで、本調査では、最新の被害実態を詳細に分析し、今後の対策に役立つ知見を得ることを目指しました。

本調査で得られた結果は、より効果的な支援策の提案を目的としています。

アンケート対象者

- **被害者**：SNS型詐欺の被害経験がある方（金銭的な被害の有無に関わらず）
- **非被害者**：詐欺被害の経験はないが、本調査にご協力いただける方
- **被害者の家族・友人**：被害者と深い関係を持つ方

調査方法

- **調査期間**：2024年10月1日～2024年11月30日
- **調査方法**：Googleフォームを用いたオンラインアンケート
- **サンプル数**：有効回答105件（全回答数114）

回答者属性

合計105名の有効回答について、金銭被害ありの回答者が78名、金銭被害はないが被害に遭いそうになった回答者が15名、家族や友人が被害に遭った回答者が6名、そして被害経験のない回答者が6名でした。なお、回答者属性の比率はこの種の詐欺被害状況の比率とは無関係です。「金銭被害あり」および「被害に遭いかけて金銭被害はない」という回答者が主な回答者であり、その他に詐欺被害者のない方およびご家族・ご友人が被害に遭った方からの任意の回答を得ています。（表1：回答者属性）

被害状況

調査対象の105名中、78名が金銭的な被害を経験、そして6名が家族もしくは親しい友人が被害に遭っており、その合計84名の被害総額を合計すると、日本円で約16億円に達します。（図1）一人当たりの被害額は1,937万円で、2019年のアンケート結果の一人当たりの被害額442万円に比べると被害額が大きくなった傾向が見られます。

被害時期については、金銭被害を受けた回答者に加え、被害に遭いそうになった方や家族・友人が被害を受けた方を含む99名の回答から、2022年以降に被害に遭った方々が回答していることがわかります。特に、2023年と2024年の被害が全体の7割を占めています（被害時期は複数回答あり）。これは、アンケートの募集に関心を示す被害者の方々は、ごく最近被害を受けた方が多かったということです。（図2）

被害回数については、66%の回答者が「1回のみ」と答えた一方で、34%の回答者は「2回以上の被害を経験した」と回答しています。（図3）これには、詐欺被害を一度受けるとその情報が犯罪者間で共有され、再び詐欺の標的となるリスクが高まることや、回答者の中に被害を受けやすい「詐欺脆弱性」の特性を持つ方が存在する可能性が考えられます。

表1　回答者属性

回答者属性		金銭被害あり	金銭被害なし	家族・友人が被害	被害経験なし	合計
回答者年代	20代	1	0	0	0	1
	30代	7	0	0	0	7
	40代	26	1	1	2	30
	50代	28	10	3	2	43
	60代	10	4	2	2	18
	70代	6	0	0	0	6
	合計	78	15	6	6	105
回答者性別	女性	49	10	5	4	68
	男性	26	5	1	2	34
	合計	75	15	6	6	102
居住地域	関東	36	7	3	2	48
	中部・北陸	12	2	0	0	14
	北海道	2	2	0	0	4
	東北	4	0	0	0	4
	近畿	16	3	2	2	23
	九州	5	0	0	0	5
	中国・四国	2	1	1	1	5
	海外	1	0	0	1	2
	合計	78	15	6	6	105
家族との同居	夫婦・パートナーと同居	15	4	2	0	21
	親と同居	15	2	1	2	20
	1人暮らし（相談できる親族がいる）	15	1	1	0	17
	息子・娘と同居	10	3	1	1	15
	夫婦・パートナーと同居，息子・娘と同居	9	1	0	2	12
	1人暮らし（相談できる親族がいない）	10	4	1	1	16
	息子・娘と同居，親と同居	2	0	0	0	2
	妹と同居	1	0	0	0	1
	夫婦・パートナーと同居，息子・娘と同居，親と同居	1	0	0	0	1
	合計	78	15	6	6	105
家族との同居	家族・親族と同居	53	10	4	5	72
	1人暮らし	25	5	2	1	33
	合計	78	15	6	6	105
婚姻	あり	29	7	2	2	40
	なし	41	6	4	4	55
	無回答	5	0	0	0	5
	離婚	1	1	0	0	2
	別居中	1	0	0	0	1
	婚姻歴あり	1	0	0	0	1
	離婚歴あり	0	1	0	0	1
	合計	78	15	6	6	105
就業	働いている	67	13	4	6	90
	働いていない	11	2	2	0	15
	合計	78	15	6	6	105

図1　回答者の被害額（被害総額＝16億2690万円）　単位：万円　有効回答数84

※被害者本人（78名）および被害者の家族・友人からの回答（6名）による金額を含んだ集計

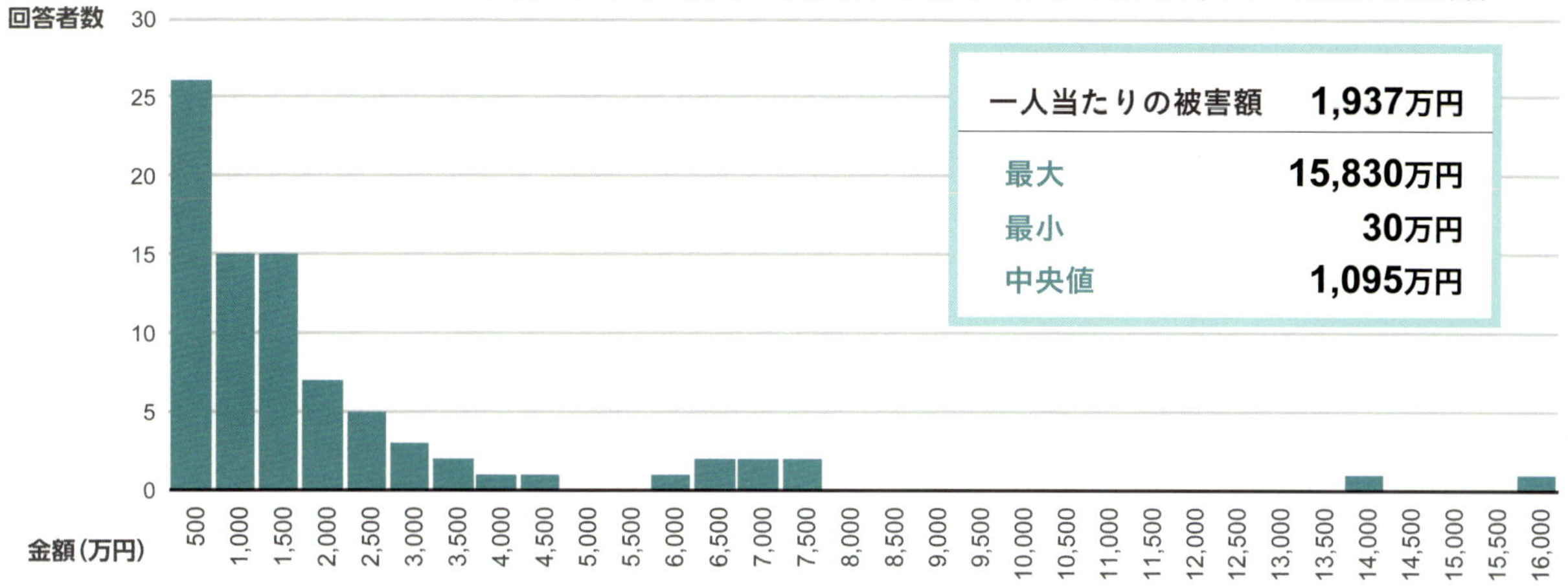

図2　被害時期　有効回答数132，複数回答

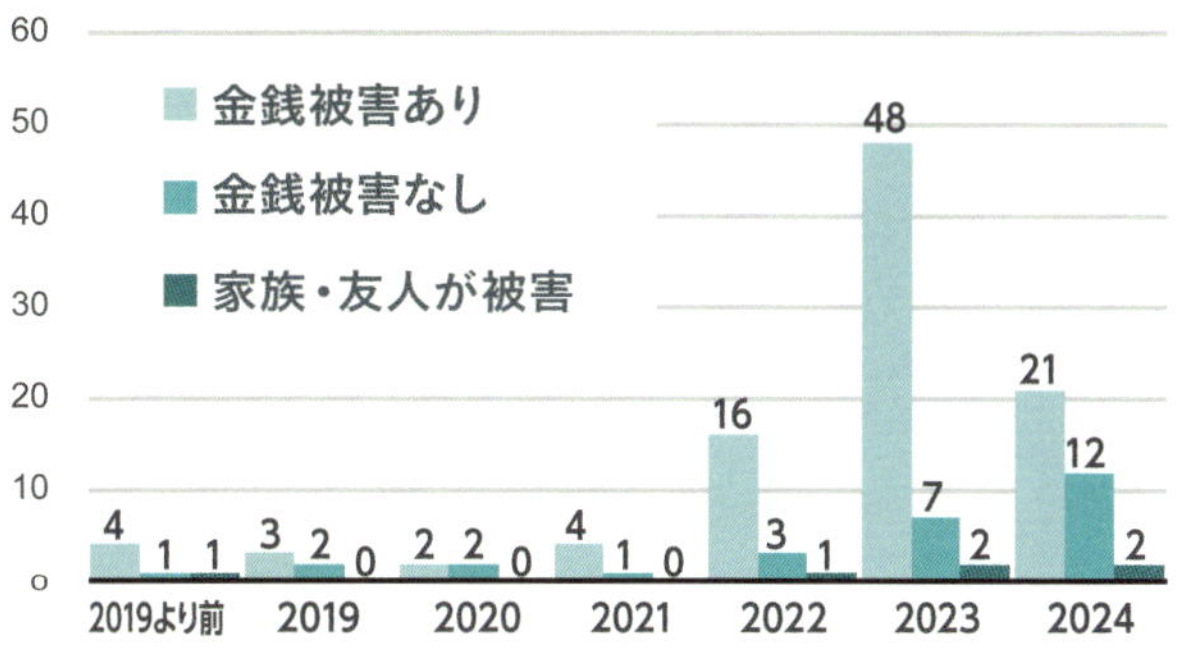

図3　被害に遭った回数　有効回答数93

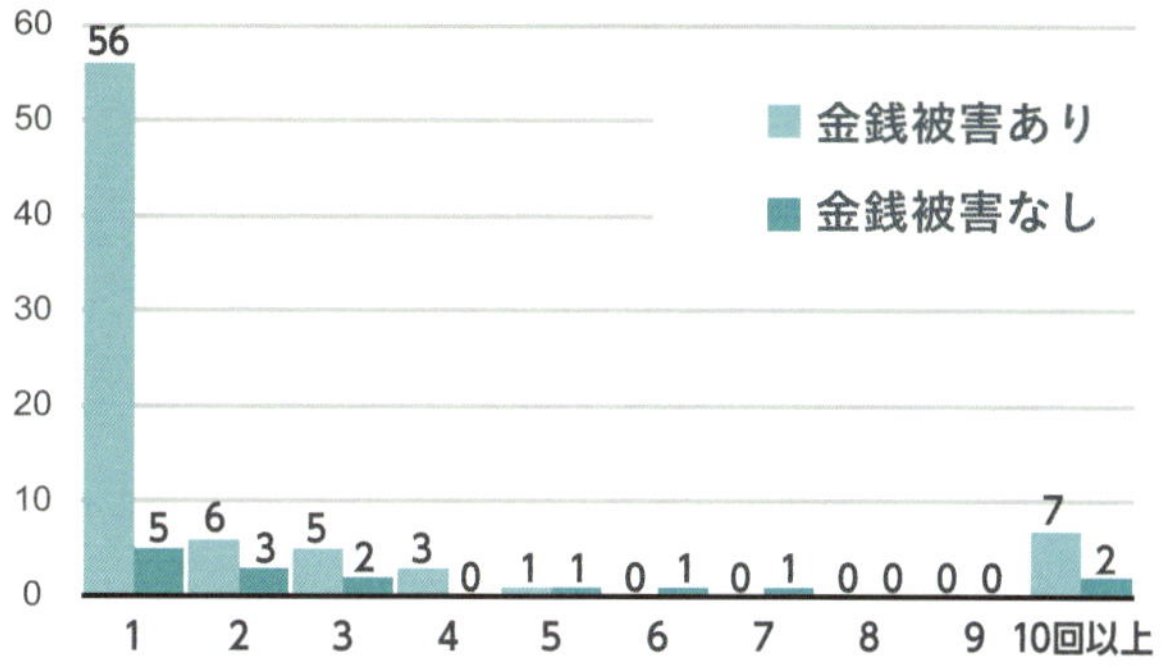

楽観性バイアスと金銭被害の関連性について

今回の調査では、国際ロマンス詐欺やSNS型投資詐欺の被害において、「楽観性バイアス」と呼ばれる心理的要因が金銭被害の発生にどのように関係しているかを分析しました。

楽観性バイアスとは、例えば「自分は絶対に詐欺に合わない」と考えるような、少し楽観的な考え方のことです。今回の調査では、同じような年代や性別の人と比べて、自分が詐欺に遭う可能性をどれくらい考えているか、という質問に答えてもらいました。そして、自分が詐欺に遭う可能性を低く考えている人を「楽観性バイアスが高い」、逆に高く考えている人を「楽観性バイアスが低い」というグループに分けて分類しました。

この楽観性バイアスと金銭被害の関係をクロス表で表し、カイ二乗検定を行った結果、今回の回答者においては、楽観性バイアスが高い人は低い人に比べて詐欺による金銭被害を受けやすい可能性があると考えられます。（表2）

表2　楽観性バイアス

	金銭被害あり	金銭被害なし	合計
楽観性バイアスが高い	65	9	74
楽観性バイアスが低い	13	6	19

■ 備考

オッズ比 (Odds Ratio): 3.33
「楽観性バイアスが高い人の金銭被害の受けやすさ」

リスク比 (Risk Ratio): 1.28
「被害発生率の比率」

カイ二乗検定（χ^2）: 4.213, p=0.040
「偶然だけでは説明できない関連性が、楽観性バイアスと金銭被害の間に存在する可能性がある」

出会いから信頼関係構築へ

SNS型詐欺は組織的に行われる犯罪であり、詐欺師と被害者が出会う段階から詐取に至るまで、それぞれの工程で役割分担が行なわれています。そのため、詐欺師と出会う場所と親密なやり取りが展開する場所が異なり、SNSやマッチングアプリからLINEなどのチャットアプリに誘導されるというパターンがSNS型詐欺において一般的になっていることが、出会いの場とやり取りの場の回答結果からわかります。（図4，5）

やり取りに使用されるチャットアプリは国や地域によって異なり、中国語圏ではWeChat、英語圏ではWhatsAppが主流です。総務省情報通信政策研究所の報告（https://www.soumu.go.jp/main_content/000887659.pdf）によると、LINEの全年齢層での利用率が9割を超えており、日本人をターゲットにする犯行グループは日本人が多く使うLINEを信頼関係構築から詐取までのコミュニケーションのツールとして活用していることがうかがえます。CHARMSのLINE無料相談でも同様の傾向が見られ、相談者の7割から8割が詐欺師とのやり取りをLINEで行なっています。

被害を受けた回答者が詐欺師とやり取りを行っていた期間について、約8割が1か月から3か月以内の短期間で終わっていることがわかりました。ただし、中には1年以上続くケースもあります。（図6）CHARMSの無料相談などで被害者の方から伺う話をもとにすると、前払金型詐欺のほうが投資詐欺より長期間に及ぶという印象があります。（図7）

図4　詐欺師と出会った場所　有効回答数104, 複数回答

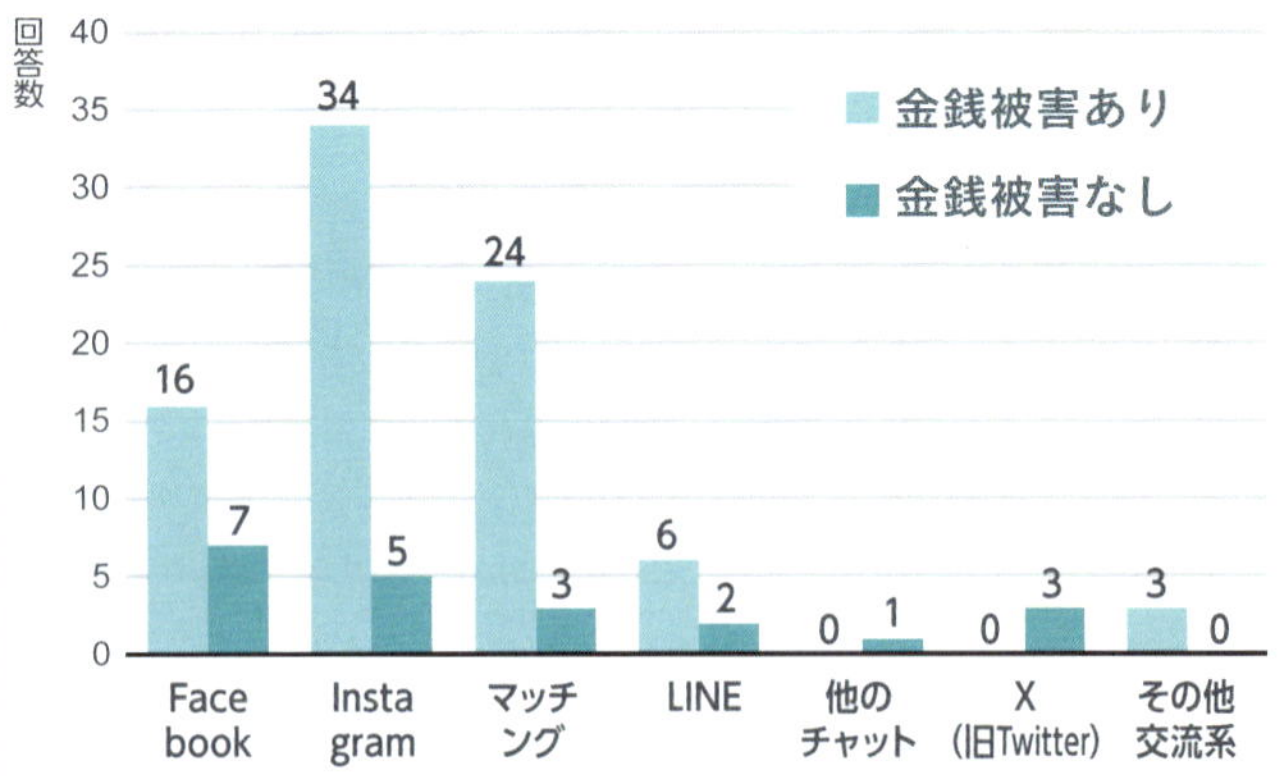

図5　詐欺師とやり取りをした場所　有効回答数118, 複数回答

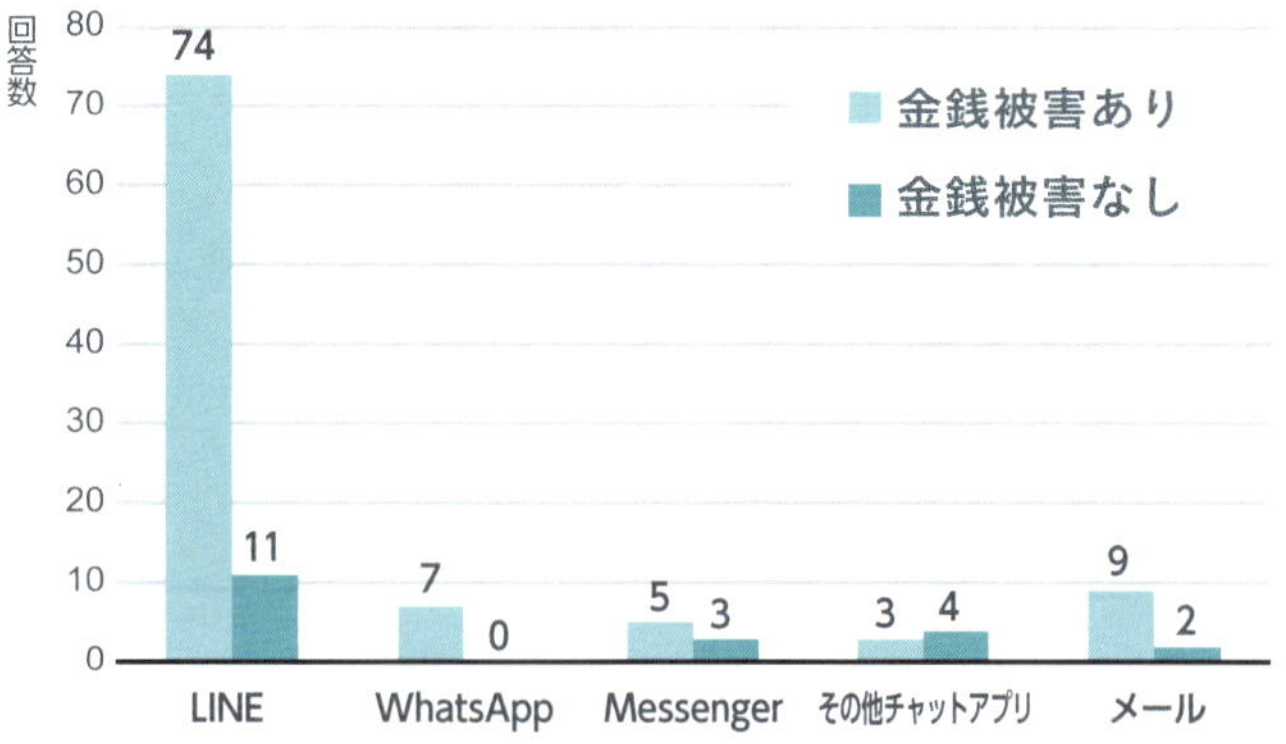

図6　詐欺師とやり取りした期間　有効回答数93, 複数回答

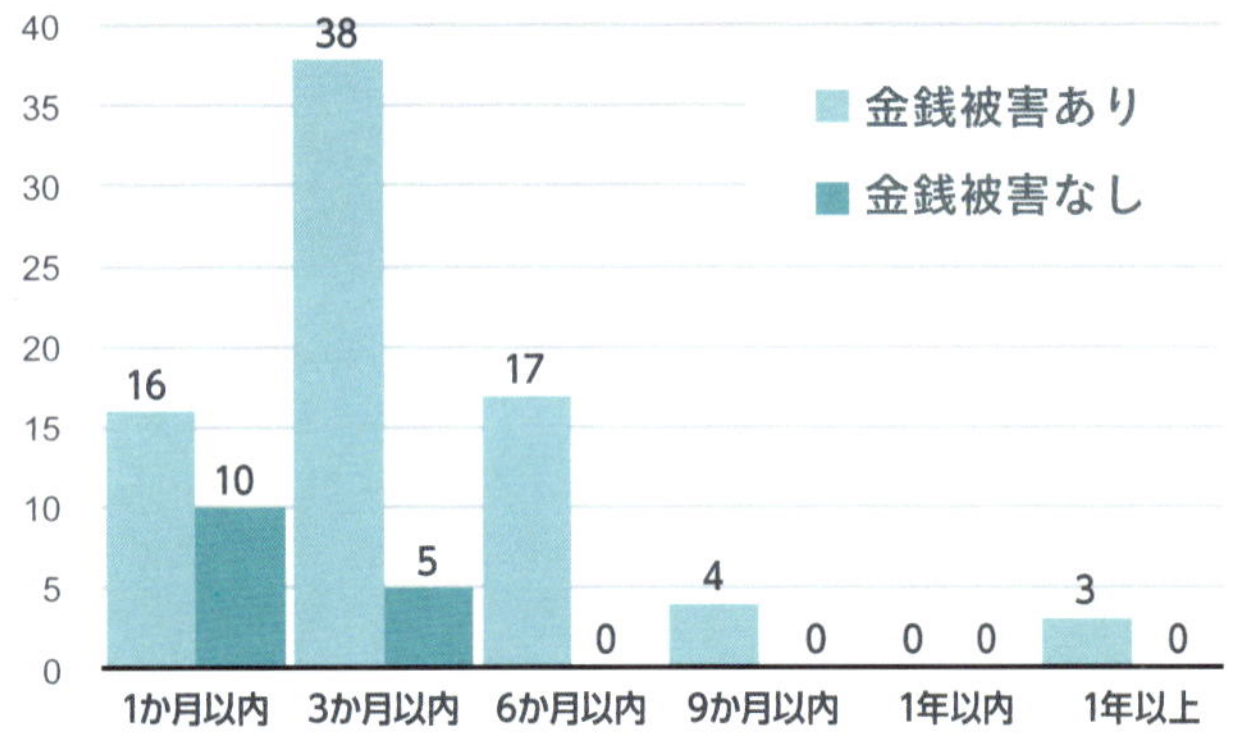

図7　詐欺師とやり取りした期間（手口別）　有効回答数93, 複数回答

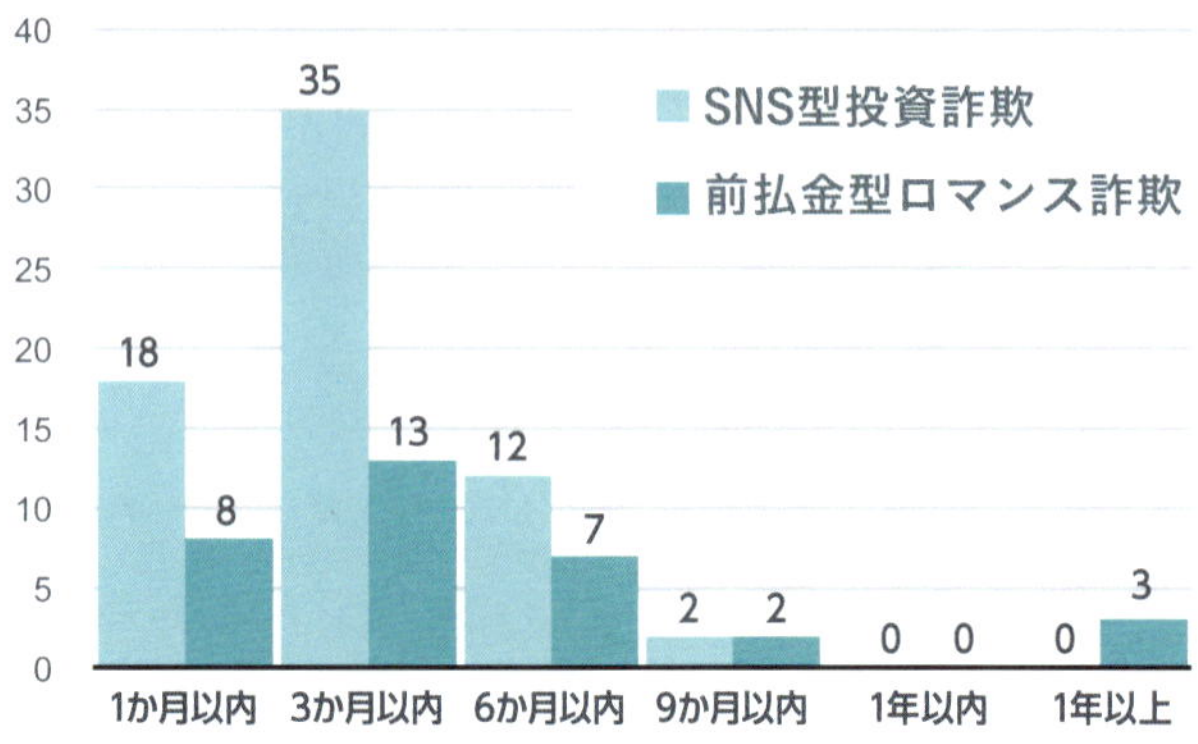

詐欺の種類

詐欺の種類を大きく「投資型」（ドロップシッピングを含む）と「それ以外」に分けて考えると、投資詐欺に遭遇したという回答が全体の66％を占めており、SNS型投資詐欺が近年に猛威を振るっていることを反映しています。（図8）

また、SNS型投資詐欺かどうかと金銭的な被害の有無について分析を行った結果、SNS型投資詐欺による金銭被害が他の詐欺手口と比べて統計的に有意に多いことが確認されました。（表3）　この結果は、SNS型投資詐欺に巻き込まれる人が金銭被害に遭うのが偶然ではない可能性を示唆しています。

詐欺の種類をさらに詳しく分類すると、投資詐欺では以下のような内訳になっています（全89件中）：

- 約4割が暗号資産に関する詐欺
- 約2割がFXに関する詐欺
- その他には、金や石油などの投資、投資勉強会、ドロップシッピングといったものが挙げられました。

一方、投資以外の詐欺については以下のような傾向が見られます：（全42件中）

- 約6割が「小包詐欺」：荷物を送るよう依頼され、引き受けた後に手数料などの名目でお金を請求される手口
- 約3割が「休暇申請詐欺」：相手の代わりに上官や国連などに休暇を申請するよう頼まれ、その際の費用を請求される手口（図9参照）

以上のことから、近年暗号資産やFXの投資詐欺が増加している一方で、従来型で手口などがよく知られていたはずの小包詐欺や休暇申請詐欺でも騙される人がいるという現状が明らかです。

図8　詐欺の種類（大分類）　有効回答数111, 複数回答

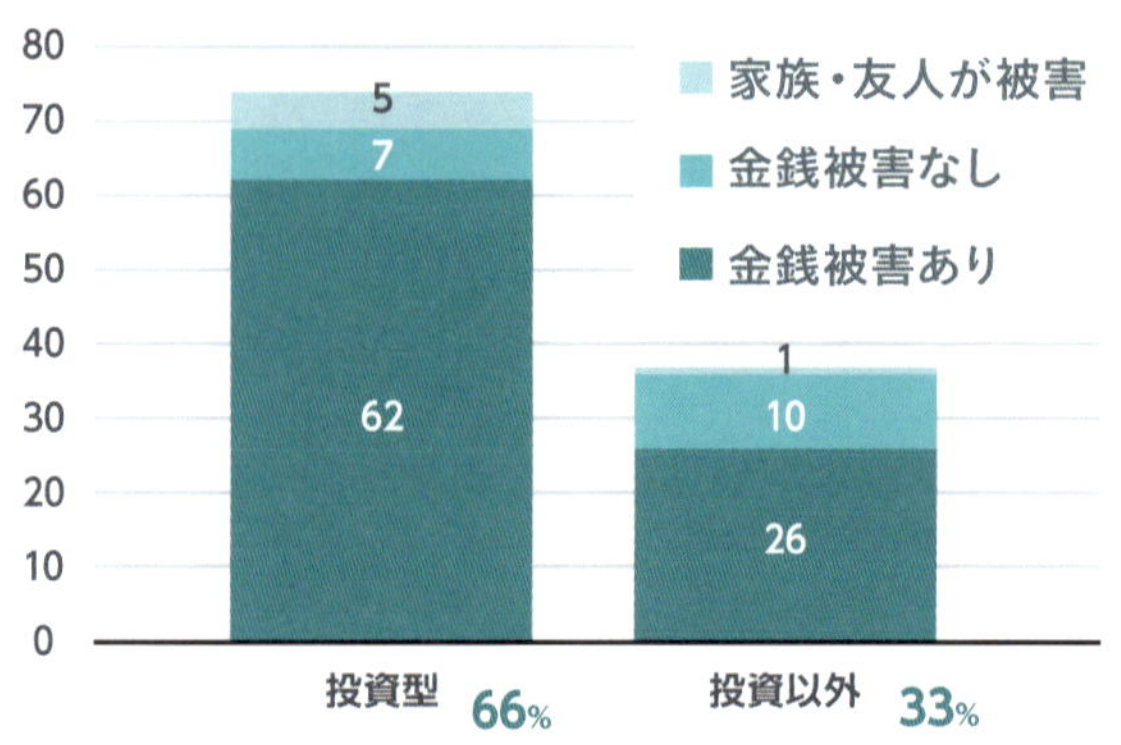

表3

SNS型投資詐欺と投資以外の詐欺の被害率の比較

詐欺の種類	金銭被害 あり	金銭被害 なし	金銭被害 合計	被害率	オッズ比	リスク比	カイ二乗	df =	p =
SNS型投資詐欺	61	6	67	91%					
投資以外	17	9	26	65%	5.382	1.392	9.117	1	.003
合計	78	15	93	84%					

図9

詐欺の種類（詳細分類）

有効回答数133，複数回答

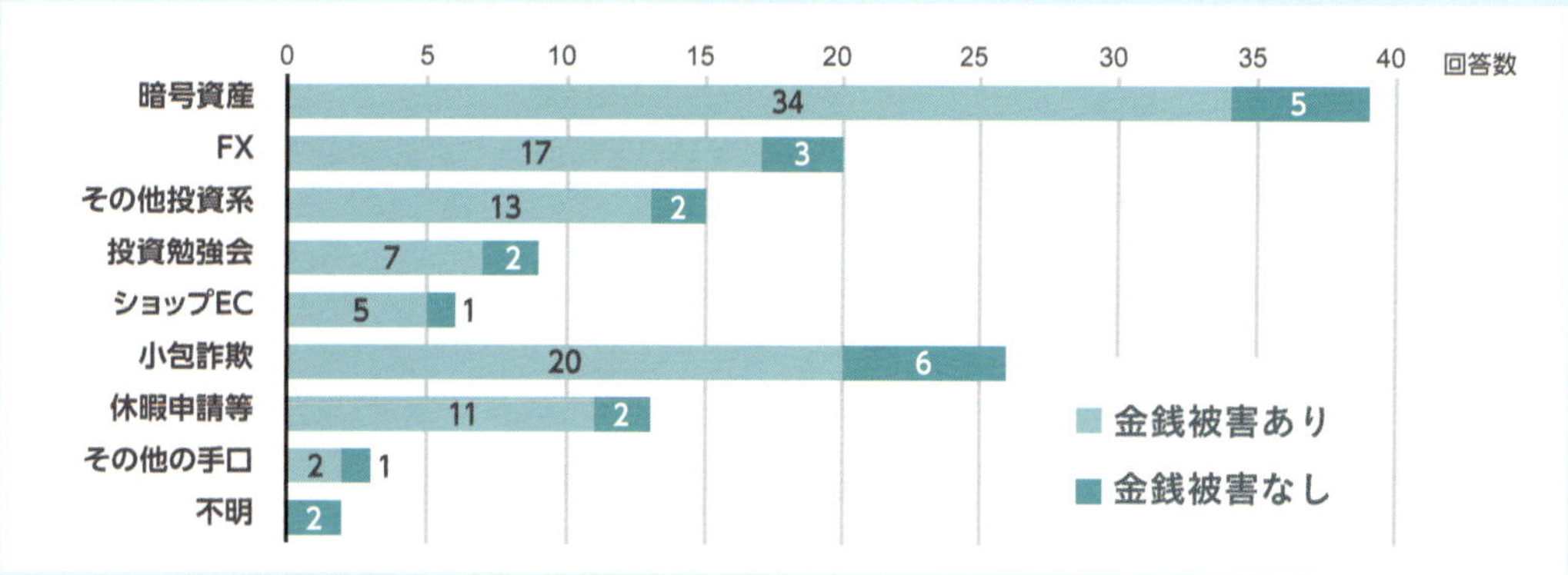

詐欺師との間に構築された関係

被害者と詐欺師の関係性について複数回答を求めたところ、有効回答118件の内訳は以下の通りでした：

- 約6割が「恋愛関係」
- 約2割がそれぞれ「友人関係」、「投資の先生と生徒の関係」

また、一部の回答では重複したケースもあり、例えば「恋愛相手が投資の先生でもあった」というケースや、「恋愛相手の親戚（叔父・叔母、いとこなど）を名乗る人物が関与していた」という例もあります。

図10　詐欺師との間に構築された関係　有効回答数118，複数回答

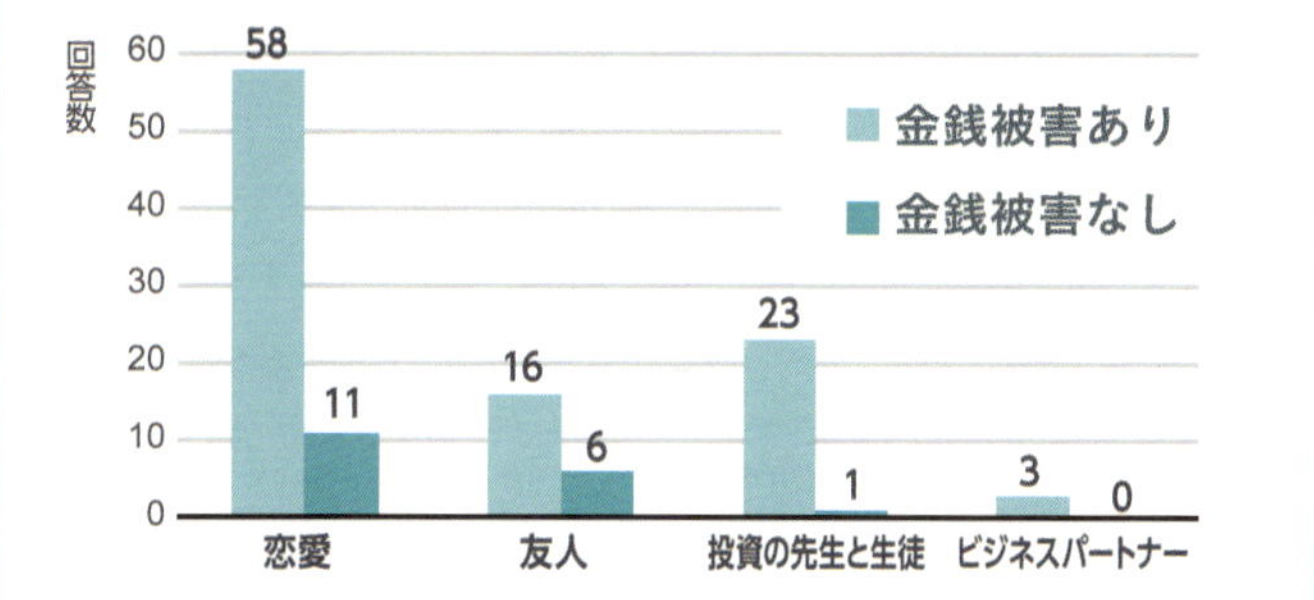

構築された関係に関する回答の中では恋愛関係が最も多いものの、データを詳しく分析した結果、この調査では「恋愛関係」と「金銭被害」の間に統計的な関連性は確認されませんでした。

実際、SNS型投資詐欺においては、全く同じ手口の暗号資産投資やFX投資において、信頼関係構築を「恋愛関係」を使うか「友人関係」や「投資の子弟関係」を使うかに分かれるものです。恋愛関係を使ったものを警察の統計のように別のカテゴリーとして、国際ロマンス詐欺の中に「投資名目」と「投資以外」に分けるのではなく、SNS型詐欺のカテゴリーの中に「投資詐欺」と「投資詐欺以外（前払金型詐欺等）」があり、それぞれの下部カテゴリーの中に詐欺のアプローチ法の一つとして「恋愛要素」のある「SNS型投資詐欺」や「前払金型国際ロマンス詐欺」を置く方が分類的にはすっきりします。

表4　構築された関係　クロス集計（恋愛関係有無×金銭被害）

構築された関係	金銭被害			
	あり	なし	合計	
恋愛関係	58	11	69	84%
恋愛関係なし	20	4	24	83%
合計	78	15	93	84%

被害後の相談等について

警察に届け出をしたかどうかという質問に対して、有効回答数92件のうち78件に当たる金銭被害ありの回答者については37名が警察に相談、31名が被害届提出ということで、87%の被害者が警察に相談もしくは届け出をしています。2019年の国際ロマンス詐欺に関するアンケート調査時は、2割ほどの回答者しか警察に届け出をしていませんでした。金額が大きくなり、SNS型詐欺の認知度が高くなったことで、警察への届け出をする被害者も増えてきたことが考えられます。（図11）

図11　警察への届け出　有効回答数92

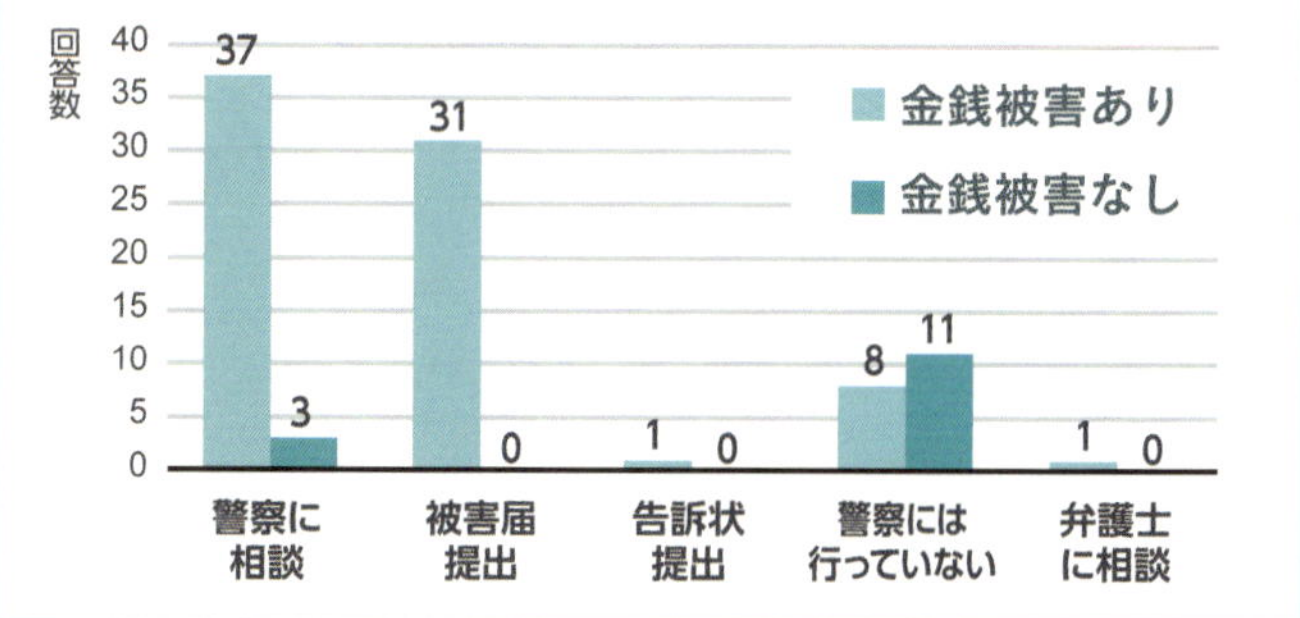

警察の対応に関するコメント

表5　感情分析結果

感情	コメント数
ポジティブ：（好意的で満足感を感じさせられるコメント）	7
中立的：（やや否定的であるが淡々と述べているもの）	14
ネガティブ：（警察の対応や結果に対する批判的なコメント）	31

警察の対応に関して、感情分析を行いました。感情分析とは、AI（人工知能）などのデジタル技術を活用して、文章や表情、声などのデータから人間の感情や気持ちを読み取る手法です。AIを使うことで、人間によるバイアスを防ぎ、機械的に感情表現を切り分けることができます。この分析では、Google Geminiを使用し、文章回答を読み込ませました。

分析結果

ポジティブな回答例

- 非常に丁寧に対応してくれた。
- 親身になってくれた。
- 話を聞いて貰い、事件として受付をした。
- ちゃんと聞いてたのかな？と思う事案はありますが、ちゃんと動いてくれているのがわかった。

ネガティブな回答例

- ほぼ相手にしてくれない。
- 何も捜査することはないと言われた。
- 犯人は追えないのでと相談だけで終わった。
- ほぼ役に立たない。
- 対応はよくしてくれたが、その後は音信不通。

中立的な回答例

- ことのしだいを洗いざらい相談したら、典型的なロマンス詐欺だと言われて、ラインもメールもブロックしました。
- 経緯を話して資料を渡して終了です。経過報告は未だにありません。
- 記録して終わり。

全体的な傾向

- ネガティブな意見が多数を占める: 警察の対応に不満を感じている人が多いことがうかがえます。具体的には、捜査の進展がない、親身な対応が得られない、手続きが複雑、情報提供がないなど、多岐にわたる不満が挙げられています。また、中立的な意見はあくまでも言葉に感情的な要素が含まれていないというもので、どちらかというとネガティブに近いと言えます。
- ポジティブな意見は、丁寧な対応や相談に乗ってくれたことに対する感謝が多い。

被害に遭った後で困ったこと

被害に遭った後で困ったことについて、最も多かった回答は「相談先がわからない」というものが3割を占めていました。また、債務処理について（25%）や、「家族に打ち明けるか否か」（20%）といった悩みに直面していることがわかりました。

図12　被害後に困ったこと　有効回答数110，複数回答

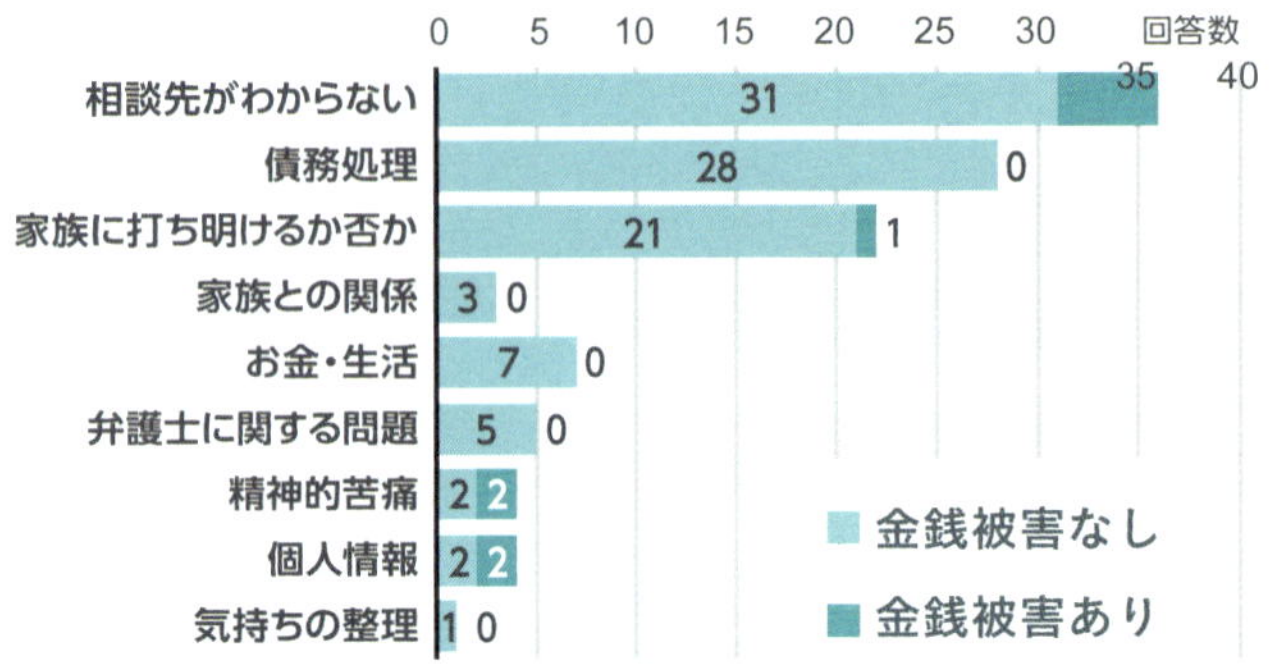

被害後の相談について

金銭被害あり、なし、及びご家族ご友人が被害に遭った回答者に相談先（複数回答）をたずねた結果、有効回答数231件について約3割の回答が公的機関（警察、国民生活センター、金融庁など）や家族に相談をしていました。

表6　被害後の相談先

相談先	金銭被害 あり	金銭被害 なし	家族友人
警察	40	2	4
親	20	0	0
きょうだい	17	0	2
配偶者	16	1	0
子	8	0	1
リアルで知っている友人知人	28	7	0
ネットで知っている友人知人	6	0	0
国民生活センター	11	3	1
金融庁	4	1	1
サイバーセキュリティ関連団体（IPA など）	3	0	0
弁護士	10	0	2
被害者支援団体	27	4	1
誰にも相談できなかった	7	4	0

図13　相談先　有効回答数231，複数回答

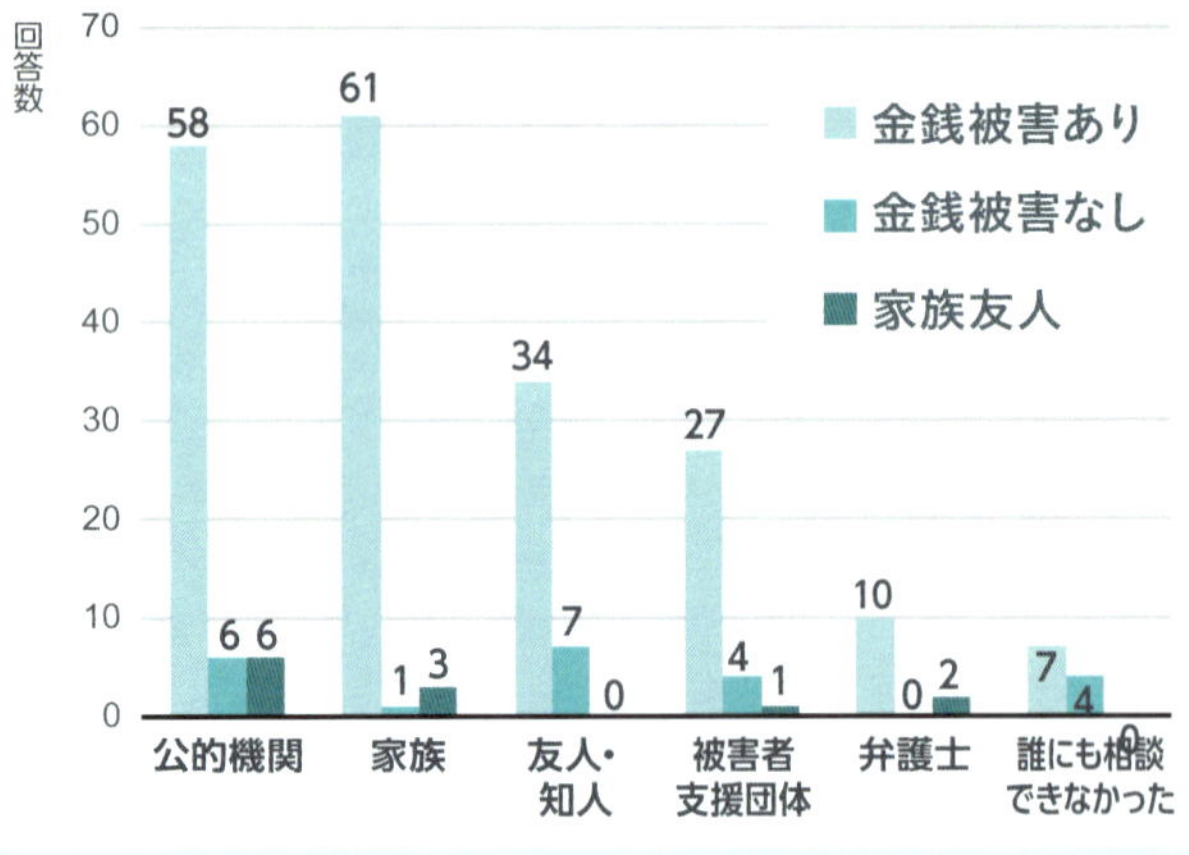

相談に関する記述回答から

相談に関する自由記述回答には、金銭被害を受けた27名と、被害には至らなかったものの未遂に遭遇した3名の声が含まれていました。これらの回答から、被害者が相談に対して抱く問題意識や不安が明らかになりました。

具体的には、警察や金融機関の担当者がインターネットや暗号資産詐欺に関する知識が十分でないと感じている意見が見受けられます。また、被害者が望む「お金を取り戻したい」という期待に対し、相談を受ける側がその期待に応えられない現状が、不安や不満として浮き彫りになっています。

さらに、詐欺被害者が求めているのは金銭的な損失の回復だけではありません。精神的な支援や、再発防止策の提供といった幅広いサポートも求められています。しかし、現在の相談窓口ではこれらすべてのニーズに応えることが難しく、被害者の期待との間にギャップが生じている状況が指摘されています。

また、インターネット検索で法律事務所（非弁業者が名義を利用している場合も含む）の広告が上位に表示される現状も課題です。特に、SNS型詐欺被害者がこうした広告を頼りに相談した結果、高額な着手金を支払ったにもかかわらず、十分な成果が得られないケースが報告されています。一部の回答者は、法律事務所に相談して着手金を支払ったものの、金銭の回復には至らなかったと述べています。

このように、詐欺被害者には金銭的損失の回復に加え、精神的サポートや再被害・二次被害の防止といった多面的な支援が必要とされています。

被害後の状況

金銭被害に遭った回答者と被害に遭いかけた回答者、および家族や友人が被害に遭った方について、被害後の状況について「精神的ダメージ」「経済的ダメージ」「人間関係のダメージ」に関して「あてはまる」「あてはまらない」で回答を求めました。

金銭被害を受けたという78名の回答者のうち76名が精神的ダメージを受けたと答えており、金銭的に苦しくなったという回答者も72名でした。それに対して対人関係のダメージは回答者の約半数となっています。(図14)

また、それぞれの状況を自由に記述してもらいました。

(1) 金銭被害に遭った人の被害後の状況

精神的ダメージ:詐欺に遭うことは、心に深い傷跡を残します。不安や絶望、家族や友人への負い目、自己嫌悪など、様々な感情が渦巻きます。中には、自殺を考えたという方もいました。時間が経っても、心の傷が癒えない人もいれば、少しずつ立ち直り始めた人もいます。

金銭的ダメージ:詐欺によって、借金が増えたり、将来への不安が大きくなったりと、経済的な状況が大きく変わってしまいました。多くの方が、生活費を削ったり、新しい仕事を探したり、副業をはじめるなど、生活立て直しや借金返済のための厳しい状況の中で何とか生活を立て直そうとしています。この経済的な苦しさは、心の負担にもつながっているようです。

周りの人たちとの関係の変化:詐欺のことで家族や友人に迷惑をかけてしまい、人間関係がぎくしゃくしてしまうケースも少なくありません。しかし一方で、家族や友人、そして同じような経験をした人たちからの温かい支援によって、少しずつ立ち直っていく人もいます。

(2) 被害にあいそうになった人

選択回答では、15名の回答者のうち10名が精神的ダメージを受けたと回答しています。詐欺被害が未遂に終わったことで、金銭的ダメージは回避されているものの精神的なダメージは大きく、疑い深くなった、不眠に悩んだ等、詐欺への気づきによる心理的影響や、防衛的行動をとるようになったとの記述回答も見られました。

(3) 家族や友人が被害に遭った人

6人という少ない人数の回答ですが、6名中5名の回答者が「精神的ダメージを受けた」をしており、家族である詐欺被害者の行動に対する感情的なショックを受けていることがわかります。また、生計を共にする家族が被害に遭った場合は金銭的苦しさも感じています。

図14　被害後の状況　有効回答数207, 複数回答

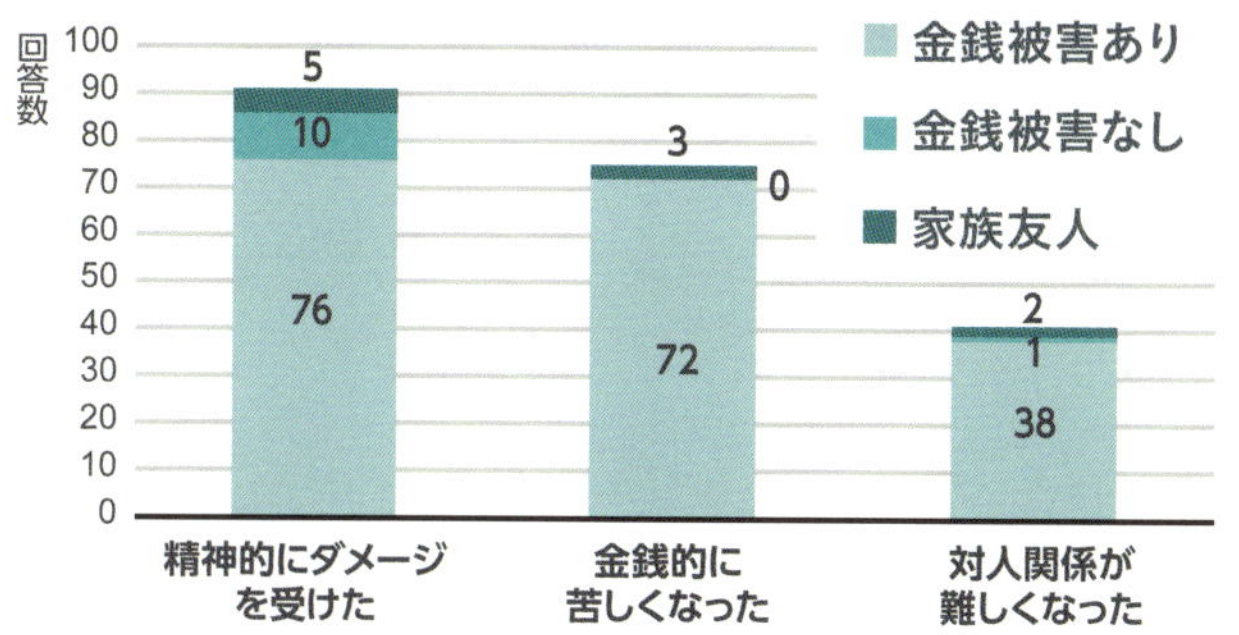

被害後の状況を克服するためにおこなったことについて(自由回答)

今回の調査では、被害の状況を克服するためにどのような行動を取っているか、回答者の方々に自由に記述していただきました。

金銭被害を受けた方(回答者78名)

経済的な損失を回復するために、様々な努力をされていることがわかりました。具体的には、収入を増やすために仕事量を増やしたり、支出を減らすための節約を行ったりといった経済的な回復に向けた行動が一般的です。また、心理的なケアとして、カウンセリングを受けたり、過去の出来事を引きずらずに前向きな気持ちを持つように努めたり、支援団体や他の被害者の方々との交流を通じて心の安定を図ろうとする方もいました。

経済的な被害を受けていない方(回答者15名)

経済的な問題を抱えていない方々は、主に心のケアに力を入れている傾向が見られました。具体的には、SNSでのトラブルを避けるために個人情報を公開しないようにしたり、趣味に没頭することでストレスを解消したり、自身の経験を発信することで心の状態を整理したりといった行動が挙げられます。

家族や友人が被害に遭われた方(回答者6名)

ご家族やご友人が被害に遭われた方は、関係性の維持に苦慮されている様子が伺えました。具体的には、普段通りに接して責めないようにしたり、逆に距離を置いて今後の生活を見据えたりといった対応を取られています。また、ご自身のダメージが軽微な場合は、特に特別な行動は必要ないと考えている方もいました。

表7　傾向の比較と相違点

項目	金銭被害がある人	金銭被害がない人
主な焦点	経済的再建、心理的回復	精神的回復、人間関係の再調整
経済的対応	節約、収入向上、債務整理、法的措置。	特に経済的対応は不要。
心理的対応	カウンセリング、マインドフルネス、前向きな思考。	趣味や活動への集中、人間関係の距離を置く。
情報活用	支援団体や被害者グループとの連携、専門家への相談。	被害経験の情報発信やSNSの注意喚起。
防止意識の強化	投資や金融知識の再学習、次回の被害を防ぐ努力。	知らない人との接触を避ける行動、被害リスクの自己認識。

まとめ

本調査を通じて、SNS型詐欺の深刻な実態が明らかになりました。金銭的な被害だけでなく、精神的なダメージや家族関係への影響もあり、被害者支援や予防策の重要性が浮き彫りとなりました。調査で得られた知見を基に、以下の取り組みを進めていく必要があります。

1. **被害者支援体制の強化**:専門的なカウンセリングや精神的回復のプログラムの充実。
2. **情報提供の拡充**:詐欺の手口や防止策に関する啓発活動の強化。
3. **制度の改善**:詐欺被害者の救済制度の見直しなどへの積極的な働きかけ。
4. **多機関連携の促進**:警察、支援団体、法律機関などの協力体制の強化。

被害のあとのメンタルケア

被害届のあとにやらなくてはならないことは、メンタルケアです。お金を無くすだけではなく、信じていた人に裏切られて心もなくしてしまうという恐ろしい詐欺です。自ら命を絶ってしまった人もいます。そんな悲しい選択をしないためにも心のケアに努めて欲しいと思います。

被害のことばかり考えてしまう

「わかっちゃいるけど止められない」まさにこの状態に陥るのが被害の直後です。考えても無駄だとわかっているのに、あれこれ調べたり思い悩んだりが止められない。

この詐欺の怖いところは、どこの誰に騙されたのかわからないことです。偽のプロフィールと盗まれた写真を使って、実在しない人に騙されます。被害者を騙している先には、海外の犯罪組織の詐欺師たちがいます。

ネットなどを検索して、そんな現実を知ると、ますますどこの誰に騙されたのだろうか？突き止めてお金を取り戻せないだろうか？と駆けめぐる思考でいっぱいになります。

また、恋愛感情があった場合には信頼していた相手から裏切られたという、失恋と同じ思考にもなりお金だけではない喪失感に苦しみます。

被害からの克服は「時間薬」が必要です。夜明けのこない夜はないので、時とともに必ず克服できますが、直後をどう乗り越えるかが大切です。

先ずは、自分が抱えているネガティブな感情をしっかりと認識することです。そうすることで忘れたくても忘れられなかった記憶へのこだわりが消えて、克服できる日がきます。

人間は区切りがつけられれば、忘れられます。忘れよう、考えるのをやめようとすると逆効果で拘ってしまいます。

信頼できる誰かに相談

ひとりで抱えないで家族や友人など信頼できる人に相談しましょう。辛い気持ちをアウトプットすることで心が整理されて軽くなる効果があります。

そんなときには、相談相手を間違えないように気をつけましょう。

自分の価値観を押し付けて無駄にアドバイスする人よりも、黙って話を受け止めて聴いてくれる人を選びましょう。話を聴くためのスキルをちゃんと身につけている人を見極めることが大切です。

そんな相手が思い当たらないという人にお奨めなのは、カウンセラーなどプロの力を頼ることです。

エクスプレッシングライティング（筆記開示）

エクスプレッシブライティングという言葉を聞いたことはありますか？1980年代にアメリカの社会心理学者ジェームス・ペネベーカー博士によって生み出された方法です。

エクスプレッシブライティングとは、「思ったことを紙に書く」という簡単な思考整理法です。無理して忘れるのではなく、見える化してみましょう。

● 本音を書くこと！

思いきって本音を書きましょう。言いたかったのに言えなかったことや、我慢しているちょっとしたことなど、思いつくままにどんどん書いてみましょう。

● 些細な感情を表現する

些細な感情ですら言葉で表現して書いてみる点も大事です。「ちょっとムカっときたけど我慢した」といったことでも、度重なることで実は大きなストレスになっているケースがありますので、書き出してみましょう。

● 時間を決めて行う

エクスプレッシブライティングは、毎日20分間行うと、メンタル強化やストレス解消に効果があると言われています。

● 習慣にする

エクスプレッシブライティングは、多くの研究で数日間続けなければ効果が薄れるという結果が出ています。そのため、習慣づけることもポイントです。

被害のあとにSNSやブログを立ち上げて、自分の被害体験を書いている人がいますが、それも効果的だと思います。

眠れない時には

被害直後は「怖い・辛い・情けない・悲しい・恥ずかしい・苦しい」そんな感

情で満たされて眠れなくなります。

そんな時には、無理して寝ようとしなくていいと考えましょう。眠りたい時間に身体を睡眠モードにしてスムーズに眠りにつくには、体内リズムを整えるための日々の積み重ねが必要です。

詐欺被害にあったあとは、体内リズムが乱れてしまいます。それをもとに戻すためにはリズムを整えるための習慣づくりからしていかなくてはなりません。

「眠れなくても体を休められたらいい」と考えてください。なかなか寝付けないときに焦るほど、頭は冴えてしまいます。覚醒から睡眠に移行するためには、自律神経系が交感神経優位から副交感神経優位に切り替わる必要がありますが、考えていると緊張が高まり、交感神経が優位な状態へと進むのです。そうなると、ますます眠れなくなるという悪循環に陥ってしまいます。

眠るために大切なのは、とにかくリラックスをすること。緊張を和らげる方法を取り入れてみましょう。

●癒されるアロマの香りに包まれてみる

アロマの香りはとても効果的です。その理由は、香りが脳に直接届くからです。鼻から嗅いだ香りは、すばやく脳に伝わります。すると、脳の神経が全体的におだやかになります。感情や気分に関わる部分も一緒におだやかになるので、心が安らぎ、眠れるようになります。

●暖かい飲み物を飲む

寝る時間前に、飲み物を飲むことで睡眠の質を高める効果が期待できます。人が自然に入眠するためには、身体の内部の温度「深部体温」を下げることが大切です。深部体温が下がると、メラトニンホルモンの分泌が活発になり、自然に眠たくなります。

寝る前の1～2時間前に温かい飲み物を飲み、内臓を意図的に温めて体温を上げると、次に体温が下がる際、身体が自然と入眠の体勢に入れます。また、温かい飲み物は副交感神経を優位にするため、リラックス効果もあります。

●リラックスできる音楽を聴く

子どもの頃に、お母さんが子守唄を歌ってくれた記憶はありませんか？ 眠れない時に音楽を聴くのは効果的です。それは音楽や歌には睡眠を促す効果があるからです。

眠りにつくまでの間、リラックスできる眠くなる音楽を聞くと脳が休まる効果があります。

ただし、完全に寝てからも音楽がかかっていると、脳が音楽の処理をしようとしてしまうため、完全には休まりません。タイマーなどを使って音楽が切れるように設定しておきましょう。

●寝る前に軽くストレッチする

寝る前に軽く体を動かすと、深部体温が少しだけ上がり、その後時間が経って深部体温がグッと低下したときに、眠気が強くなり睡眠効果が高まります。

寝る前のストレッチは「静的ストレッチ」がお奨めです。ゆっくりと筋肉を伸ばして柔らかくするクールダウンに適したタイプのストレッチを取り入れてください。

眠れない時にしてはいけないことは、スマホを使って詐欺被害について調べたり深追いすることです。夜にブルーライトを浴びると、睡眠を促す「メラトニン」というホルモンも抑制されてしまい、ますます眠れない状態が続きます。

どうしたらここから抜け出せるか？

「今を生きる」ということについて考えたことはありますか？被害直後には誰しもが「過去」を考え、「未来」を悲観してばかりいます。

そこで「今」を生きる意識を持つことが大切です。自分の状態に気が付く、眺める、観察することからです。

不安は1つの自然な感情として、客観視できるようになることを目標とします。そしてその感情をただただ眺め、受け入れることを目指します。

悩みの多くは過去と未来にあります。過去やどうなるかわからない未来の出来事に縛られてしまうと、悩みの種が増えてしまいます。

実は「今を生きる人」は、悩みがとても少ないのです。

自分が3歳児だったころを思い出してみてください。たぶん10分後の未来でさえ考えていなかったのではないでしょうか？今この瞬間を全力で、楽しんいたはずです。

もちろん未来のことを考えたり、過去を反省することは大事です。しかし、もしそれが今のあなたを不幸にしているなら、今はそれを止めることです。あとは時間が解決していくことも沢山あります。

被害者が陥る危険！
～知らぬ間に犯罪者に～

近年、SNS型詐欺の被害者が、自覚のないまま犯罪に加担し逮捕される事例が報告されています。
被害者は、詐欺師の指示に従い、マネーミュールやドラッグミュールとして違法行為に関わることがあります。また、写真の人物に恋焦がれた結果、ストーカー行為に発展するケースや、職場のお金に手を出して横領罪を犯してしまう例も見られます。
ここでは、４つの代表的なケースを紹介します。

ケース（1） マネーミュール、マネーロンダリング

ある日本人のSNS型投資詐欺被害者のケースから

「マネーミュール」とは、詐欺グループから得た不正な資金を、個人の銀行口座を経由して送金し、資金の出所を隠すための役割を担う人のことを指します。

SNS広告やダイレクトメッセージで「簡単に稼げる仕事」として勧誘されたり、詐欺師から直接「お金を返す」と持ちかけられたりして、犯罪に加担させられます。

Aさん（50歳女性）の場合、英会話アプリで知り合ったマイクと交際中に、SNS型投資詐欺で約970万円を騙し取られました。

その後、ジャックという人物に出会い「お金を取り戻す方法がある」と勧められ、他の被害者から振り込まれたお金とは知らずに自分の口座に受け取ったお金で暗号資産を購入し、指定アカウントに送金しました。

Aさんはこの作業を「仕事」として行なっていましたが、実際にはマネーロンダリングに加担していたのです。結果として、Aさんは逮捕され、2024年6月に懲役2年（執行猶予4年）と罰金100万円の判決を受けました。

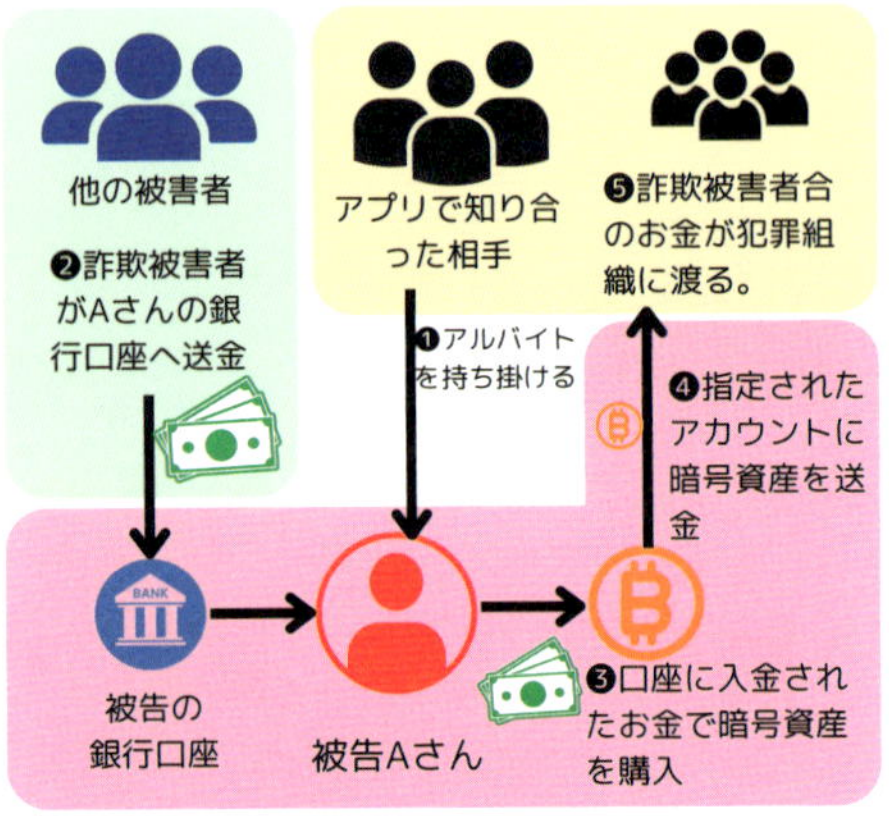

他の被害者
❷詐欺被害者がAさんの銀行口座へ送金
アプリで知り合った相手
❺詐欺被害者合のお金が犯罪組織に渡る。
❶アルバイトを持ち掛ける
❹指定されたアカウントに暗号資産を送金
BANK
被告の銀行口座
被告Aさん
❸口座に入金されたお金で暗号資産を購入

2024年6月16日朝日新聞デジタルの記事をもとに作成

図1　マネーミュールを介して行われるマネーロンダリング

参考

朝日新聞（2024年6月16日）・1千万円だまされ、気づけば詐欺の協力者 恋心を利用された女の後悔

朝日新聞（2024年6月23日）・傷心の被害者を狙う「リカバリー詐欺」 犯罪に加担させられる事例も

読売新聞（2024年8月19日）・著名人かたるSNS投資詐欺、口座売却した名義人に賠償命令相次ぐ

ケース（2） ドラッグミュール

2023年成田で逮捕されたオーストラリア人女性

「ドラッグミュール」とは、違法薬物を無自覚に運んでしまう被害者です。

国際ロマンス詐欺に巻き込まれた人が「交際相手に会いに行く」という名目で第三国に呼び出され、現地で渡された荷物に薬物が隠されているケースが典型的です。

アボリジニ支援団体職員であるBさん（56歳、オーストラリア）は、オンラインで知り合った男に騙され、アジアを旅行して日本で交際相手に会うことを期待して出発しました。

途中のラオスで交際相手のビジネスパートナーを名乗る人物から「大切な荷物」を預かりました。その中に約1.9キロの覚せい剤が隠されていることを知らずに成田に向かいました。

その結果、2023年1月、日本到着時に成田空港で逮捕されました。Bさんは2024年6月に起訴され、詐欺被害者であるとして無実を主張していました。しかし2024年12月に千葉地方裁判所で「覚醒剤運搬に必要不可欠で重要な役割を果たした」として、懲役6年、罰金100万円（求刑懲役10年、罰金300万円）の有罪判決が下されました。被告の

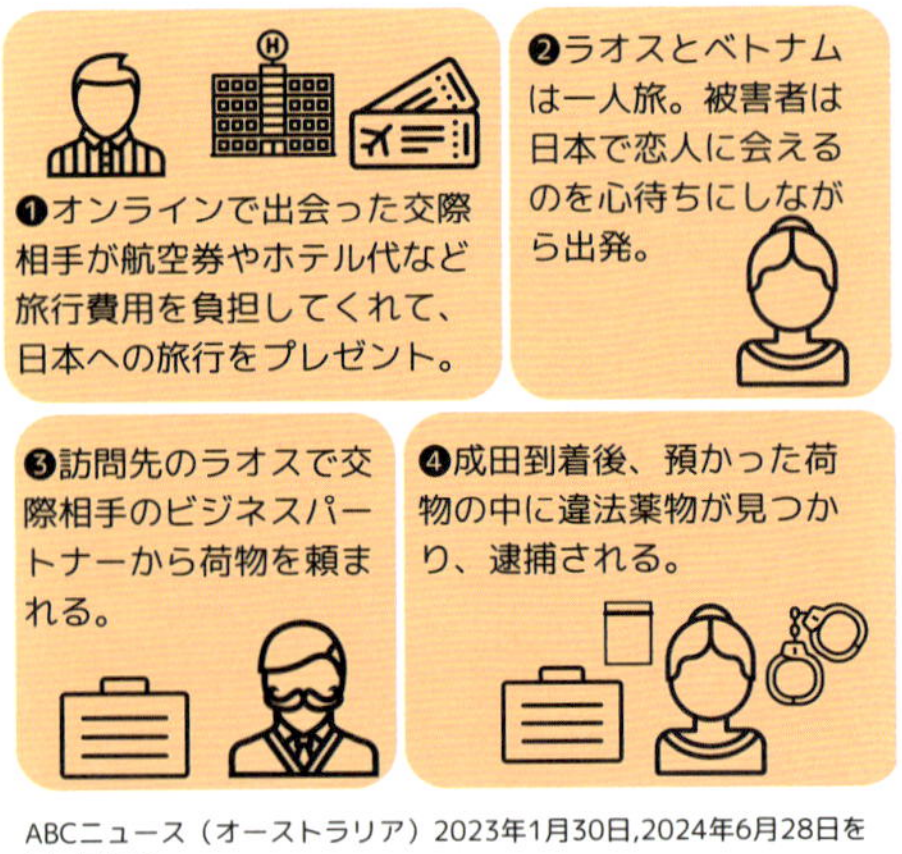

❶オンラインで出会った交際相手が航空券やホテル代など旅行費用を負担してくれて、日本への旅行をプレゼント。
❷ラオスとベトナムは一人旅。被害者は日本で恋人に会えるのを心待ちにしながら出発。
❸訪問先のラオスで交際相手のビジネスパートナーから荷物を頼まれる。
❹成田到着後、預かった荷物の中に違法薬物が見つかり、逮捕される。

ABCニュース（オーストラリア）2023年1月30日,2024年6月28日をもとに作成。

図5　ドラッグミュールの出発から逮捕まで

弁護側は控訴する方針。（２０２５年１月現在）

参考

朝日新聞デジタル（２０２４年12月４日）。覚醒剤密輸で豪国籍の女性に有罪判決　アプリで知り合った男から依頼。

ＡＢＣニュース（オーストラリア）・（２０２３年１月30日）・Donna Nelson charged with importing almost 2kg of 'illegal stimulants' into Japan.

ＡＢＣニュース（オーストラリア）・（２０２４年６月28日）・WA woman Donna Nelson has emotional reunion with granddaughter after drug importation trial delay. ABC News (Australia).

ケース（３）ストーカー

オーストラリアでモデル女性の家に押しかけて逮捕された男性

「ストーカー行為」とは、同一の者に対し、つきまとい等を反復して行うことです。

メールやメッセージなどを送ったりする、インターネットを使ったつきまといは、ネットストーキングとも呼ばれます。

詐欺グループが使う写真は、彼ら自身の物ではなく他人の物を盗用しています。被害が発覚した後、写真の人に関心を持ち、交流をしたいと考える被害者の方もいます。しかし、写真盗用された人にとっては、招かざる客であることも少なくありません。ＳＮＳにフォローしたり、メッセージを送ったりといった行為が過度になると、ストーカー行為とみなされることもあります。

Ｃさん（49歳）は、歌手でモデルのＳさんを名乗る詐欺師に騙され、彼女との関係を信じ続けました。詐欺が発覚しても、Ｓさんに直接会いたいという強い願望から、彼女の自宅にバラの花を持って訪問し、２０２３年５月にストーカー行為で逮捕されました。その後も、２０２３年９月にＳさんのマネージャーのオフィスに侵入し、接近禁止命令に違反したとして逮捕されています。

彼のストーキング行為は、詐欺被害者であったことを背景にしても、許されるものではありません。

参考

Canonサイバーセキュリティ情報局用語集（２０２２・12・23）・「ネットストーカー」

Mail Online（オーストラリア）・（２０２３年５月４日）・Sad reason why man accused of stalking Sophie Monk showed up at her door with a red rose: 'I feel like such an idiot'.

Mail Online（オーストラリア）・（２０２３年９月14日）・Man accused of stalking Sophie Monk is released from jail after allegedly breaching a restraining order.

ケース（４）横領

２・５億円の横領で逮捕された保育園元理事長

「業務上横領」とは、従業員が会社の資産を管理・保管している立場を悪用し、不正に持ち出す行為を言います。

詐欺で大金を失った後、自分が操作可能な職場のお金を目の前にしても、ほとんどの人は自制心がはたらき、横領の誘惑には負けないでしょう。しかし実際にＳＮＳ型詐欺被害者による横領事件は発生しています。

Ｄさん（64歳、愛知県の保育園理事長）は、投資型国際ロマンス詐欺により３億４０００万円を騙し取られ、保育園の預金口座から２億５１００万円を横領しました。

市の監査で横領が発覚し、法人の資金を流用した事の重大さが裁判で強調され、懲役４年の実刑判決を受けました。Ｄさんは控訴せず、現在は返済のために少額ずつ示談金を支払っています。

1億3千万円の横領で懲戒処分された大手企業の経理次長

２０２２年にも投資型国際ロマンス詐欺被害者による１億３０００万円の横領がありました。大手企業の元経理次長（当時55歳）は投資型国際ロマンス詐欺の被害者でしたが、逮捕はありませんでした。返済の見込みがあることで、会社が刑事告訴を見送り懲戒処分となりました。

参考

読売新聞（２０２３年10月２日）・保育園前理事長２・４億円横領、妻の理事長「権限が集中した」…市は刑事告発を検討

愛知県警逮捕　園の預金１億８７００万円

読売新聞（２０２４年４月24日）・横領の２・５億円、ロマンス詐欺に…元保育園理事長に懲役４年判決

文春オンライン（２０２２年11月24日）・国際ロマンス詐欺か？共同通信社子会社の経理部〝女性〟次長（55）はなぜ１億３０００万円の横領に手を染めたのか「８０００万円弁済済み、５０００万円の弁済にも目途」

註：年齢はすべて報道当時のもの

身近な人が被害に遭っていたら

自分の大切な家族や友人が詐欺被害に遭っているかもしれないというご相談は少なくありません。
そんな時には頭ごなしに注意しがちですが、この詐欺は巧みにマインドコントロールされているので、それを理解した上で寄り添うことが大切です。先ずは、マインドコントロールの手口を知ってください

私は大丈夫バイアス

人間の認知や判断、意思決定などに影響を与える思考の偏りや傾向をバイアスと言います。

「私は詐欺になんか騙されないと思っていた」と多くの被害者の方から、被害後のカウンセリングで聴きました。

これを「自信過剰バイアス」と言います。人間は少なからず誰しもが持っているバイアスで、自分の能力や知識を過大評価して、実際よりも自信を持ちすぎる認知バイアスの一種です。このバイアスは、特に投資や意思決定において影響を及ぼしやすく、リスクの過小評価や誤った判断を招くことがあります。

また、自分自身について過度なみつもりをしてしまうことを「楽観性バイアス」といいます。具体的には、被害が起きても自分は大丈夫と思い込むこと。詐欺被害者が語る「まさか自分が被害にあうと思わなかった」といったセリフは、このバイアスを示す典型例です。

人には少なからずこの歪んだバイアスがあります。

自己開示の返報性

詐欺師は出会った時に過剰な自己開示をしてきます。これは「自己開示の返報性」と言われるものです。

人は個人的な情報を伝えられると、自分も同様に自分の個人的な情報を話す行為をします。この相互の自己開示によって関係性が深まっていきます。

詐欺師の身の上話は、離婚や死別によりパートナーを亡くしている、幼い時に親がなくなって天涯孤独など、同情を誘うような話が多いのも特徴です。こうして自己開示によって、信頼関係が築かれていきます。

頻繁なコミュニケーション

詐欺師は出会ってすぐにＬＩＮＥやＷｈａｔｓＡｐｐなどのチャット機能で頻繁にメッセージが送れるシステムに誘導します。

これは1日に何度もメッセージのやり取りをすることで、スマホがあれば相手の存在を感じられるようにして、いつも一緒にいるような感覚にさせるためです。

朝の「おはよう」から寝る前の「おやすみ」まで、四六時中メッセージを送ることで時間を奪い、冷静な判断を失わせる狙いがあります。

詐欺師の常套句「運命の人」

恋愛に誘う心をときめかせる常套句は少しづつ変化しています。

5年以上前までは「アイラブユー」「ハニー」「マイラブ」などが良く使われていましたが、ここ最近は「運命の人」が良く使われます。その気がなくても相手から「あなたは運命の人だ」と言われると、まんざらでもない気分になっていきます。そして相手を信じたいという思いが強くなっていきます。

クロージング効果

詐欺師は「私たちの関係は二人だけの秘密だよ」「この話は君だけにするから秘密にしてね」と二人だけの秘密を作りたがります。

これは恋愛心理学における「クロージング効果」と言われるもので、秘密を共有することによって関係性が深くなります。

周りの人に相談できないのも、クロージング効果によりマインドコントロールされてしまうからです。

吊り橋効果

信頼関係が築きはじめた頃に、ハラハラドキドキするハプニングが起こります。誰かが銃で撃たれたり、一緒に始めた投資のアプリの画面操作を間違えて、アプリから画面が凍結されてお金が引き出せなくなるなど突然のハプニングです。

映画などにも、危機を二人で乗り越えたあとに愛が芽生えるシーンは良くあります。ハプニングを二人で乗り越えた男女は絆がさらに深まります。これを「吊り橋効果」と呼びます。

損失回避性バイアス

人は「損をすること」に対して過剰に恐怖を感じる性質を持っています。例えば、千円を得る喜びよりも千円を損する苦痛のほうが2倍以上に大きく感じると言われていて、人は無意識に損を避ける行動をとります。

一度送金してそれが戻ってこないと知ったときに、手数料を払えば戻ってくるとまた騙されて、次の送金をしてしまうのは、このバイアスがあるからです。

あなたの味方というスタンス

マインドコントロールされている状況の時には、反対されればされるほど頑なに詐欺師を信じたいという気持ちになっていきます。

身近な人が詐欺にあっているかもと思ったら、その心配を伝えることはいいことですが、その際に気を付けて欲しいのは「詐欺だよ」と言い切って、信じている気持ちを強く否定することはしないでください。

これは「選択理論心理学」では「上質世界」を否定するという行為になります。人は自分の「上質世界」を否定する人を受け入れなくなります。「上質世界」とは、私たちの欲求を最も満足させてくれる具体的なイメージ写真が貼り付いているアルバムのようなものです。イメージ写真は3つの分類になります。

1. 私たちが共にいたいと思う人
2. 私たちがもっとも所有したい、経験したいと思うもの
3. 私たちの行動の多くを支配している考え、信条

人は気分が良い時はいつでも、このイメージ写真に限りなく近くなる行動を選択しているときです。そしてとても大切にしているアルバムの写真なので、これを否定されると相手を嫌いになります。

被害に遭っている時には、被害者にとっては詐欺師が「上質世界」にいる大切な人です。なので「それ詐欺だよ」と言われたら、話さなければ良かったと後悔し、二度とその話はしないでしょう。

また、「上質世界」には必ずしも健全なものが入っているとは限りません。お酒、たばこ、ドラッグなどを上質世界に入れている人もいます。

「タバコ吸う人は嫌い！」と心で思っていても、相手の「上質世界」を否定することになるので、その人といい関係でいたいと思ったら、そんなことは言わずに「タバコって美味しい時があるからなかなかやめられないっていいますよね？」といった感じに、相手の話を聞くことが大切です。

頭ごなしに「それは詐欺だからやめなよ」という言い方はしないでください。

「詐欺かもしれないと心配しているんだけど…あなたが大丈夫って思っているのはどうしてなの？」と相手が話をしてくれるように切り出すのがポイントです。

マインドコントロールは簡単には解けない

詐欺師の巧みなマインドコントロールによって、被害者は騙されていきます。周りに話しても理解されず、詐欺だと言われることで被害者は孤立していきます。

また、それを詐欺師に相談すると「2人だけで乗り越えていこう」と励まされて、さらにマインドコントロールの罠にはまっていきます。

どうか、あなたの大切な人を孤独にしないでください。「あなたが信じているなら私も信じて一緒に考えていくから、困ったことがあったら必ず相談してね」という姿勢が大切です。

詐欺だとわかっていてそんなことを続けるのはもどかしいと言いますが、否定したらあなたに何も話をしてくれなくなります。心配を伝えながら「お金の要求があったら一緒に考えようね」と伝え続けてください。

本当の被害者の心理

被害者は信じたいと思う反面、もしかしたら騙されているのかもという気持ちが全くないわけではありません。多くの被害者の方が事後のカウンセリングでそう言っています。

しかし、身近な人にそれを伝えることができないのが被害者心理です。迷惑をかけたくないと思うからです。タイミングを見計らってプロに相談することを進めてあげてください。ＣＨＡＲＭＳへの相談がお奨めです。

「一緒に考えたいから、一度、専門家の話も聞いてみない？」と誘ってみてください。時間がかかるかもしれませんが、それが身近な人が詐欺被害にあっているときに、あなたにできることです。

被害にあわないためには

人には「私は大丈夫バイアス」があります。

被害にあわないためには、まずはこのバイアスを外してください。この詐欺は組織犯罪でプロの手口で行われるため出会ってしまったら、マインドコントロールされて事故に遭ったように巻き込まれていきます。

詐欺師はどこにでも潜んでいます。言語学習アプリで詐欺師と出会ってしまった人もいます。

まずは正しい情報にアンテナを張って学ぶことです。

自分を守るためにできること

行動する前に、必ず立ち止まって考えてみましょう。SNS型詐欺では、「今すぐお金を送らないと大変なことになる！」と焦らせる言葉がよく使われます。「大切な人が危険にさらされている」「もう二度とないチャンスを逃してしまう」「すぐに送金しないと口座が凍結される」など、焦りや不安をあおることで、冷静な判断を難しくさせるのです。急かされていると感じたら、悪い決断をしないために立ち止まってじっくり考えてください。そして、自分で調べてみましょう。

かつては、SNS型詐欺のプロフィールの特徴は友達数やフォロワーが少ない、投稿が少ないなどでしたが、フォロワーの多いSNSアカウントの売買もおこなわれており、友達数が多くフォロワー数の多いリアルに見える詐欺アカウントも登場しています。

ビデオチャットを避けたがるのも詐欺師の特徴でしたが、近年はディープフェイクが普及し、SNS型詐欺でもよく使われています。したがって旧来の「見分け方」とされていた確認方法は、通用しなくなりました。

相手の写真やプロフィールに注意

詐欺師のプロフィールは、実在する人物ではなく作られたものです。

写真は芸能人・モデル・著名人の写真を、インスタグラムなどのSNSから盗んだものです。

多くのサイトやアプリ上に同じ写真でアカウントを作ることが多いため、プロフィール写真が他のSNSやマッチングアプリでも使われていないか検索してみましょう。

大手の画像検索サイトは有名人の写真ではない場合、検索できないことがあります。いくつかの検索サイトやアプリを使うことをお奨めします。Yandex画像検索やFaceCheck・IDなどがお奨めです。

但し、注意が必要です。もし写真検索で該当する写真が見つからない場合でも、詐欺ではないというわけではありません。元の写真が検索にかからない場所（プライバシー設定されたSNSなど）にあって。または過去の詐欺被害者がSNSなどに公開していない写真を詐欺師に送っていて、それが出回っている場合もあります。最近、詐欺師に使われ始めて、検索エンジンが学習していない写真の場合も、検索では見つからないことがあります。

かつては男性を装う詐欺師は「軍人、医師、戦場カメラマン、エンジニア」、女性を装う詐欺師は「看護師や保育士」などの職業を騙っていましたが、近年では男女はあまり関係なく、女性軍人を名乗ることも少なくありません。

SNS型投資詐欺の場合は、会社員という設定もあり、この職業が定番というものもありません。

詐欺のマニュアルには、人物設定について「育ちの良い28歳から35歳くらいの人物で、親はお堅い職業、お金持ちの多い地域の出身」などの設定をするように指示されています。男性を装う場合は筋肉質のイケメン、女性を装う場合は美女の写真が多いですが、例外もあります。解像度の高いものを使う、全身が写った写真や短い動画などもあり、リアリティが演出できる人物パッケージを用意するようになっています。

また日々の投稿には、富裕層を思わせる高級車、高級料理の会食、おしゃれなカフェのアフタヌーンティ、ブランドの服や装飾品などの写真を利用します。

詐欺師は同情させるような境遇や、お金を持っていることをほのめかすことが多いです（例）。

- 天涯孤独で他に頼れる相手がいない。
例：子どものころ親が壮絶な事故で無くなり、施設や親せきの家で育った。
- 配偶者と死別、もしくは離婚。
例：航空機事故で配偶者が死亡。DVモラハラで離婚して子どもをひとりで育てている。
- 配偶者が親友と浮気して離婚した。
- 外国で親が残した遺産を相続することになっている。
例：アフリカの難民キャンプに身を寄せる元政府高官の子女。
- 親の莫大な遺産を第三国で受け取ることになっている富裕層。

WEBサイトの調査をしよう

詐欺師は自分が働いている会社、銀行のサイトや投資会社などのURLを送ってくることがあります。そんな時には調べてみることです。

作られて1年以内、アクセスする人が少ない（トラフィックが少ない）、スパムや詐欺によく使われるドメインサービスが使われている（publicdomainregistry, NameSiloなど）、利用者がWhois情報を隠しているなどの結果がScamAdviserで出てきたら赤信号です。

但し、稀にお金で買った古いドメインを使って、年数を経たサイトを使っているケースもありますので、数年使っている実績のあるサイトであっても注意が必要です。

SNS型投資詐欺では、偽サイトやアプリが詐欺師から紹介され、アプリの場合はそれをダウンロードすることが促されます。ほとんどの場合、SNS型投資詐欺で使われるサイトは、フィッシングやマルウェアが仕組まれている危険サイトの構造になっています。危険サイトを検出するツールも使ってみることをお勧めします。

トレンドマイクロのサイトセキュリティセンターは信頼度の高いサイトです。ここで検索して「未評価」という結果が出てきたら、サイトがまだ新しく、トレンドマイクロのデータベースにまだ入っていないということになります。新しいサイトは「未評価」となっていることが多いので、トレンドマイクロに再調査を依頼します。そうすると、翌日くらいには新しい評価結果が表示されています。

複数のセキュリティツールをまとめて調べてくれる、Googleの関連会社が運営するVirustotalも便利なツールです。しかし、Virustotalで全てクリーンだと出た場合、サイトが安全だという意味ではなく、まだ検出していないということです。〝Clean〟という結果に惑わされず、Virustotalで一つでもセキュリティツールが「疑わしい（Suspicious）」「フィッシング(Phishing)」「危険サイト(Malicious)」と評価している場合は、危険サイトと判断します。

こんなメッセージには注意しよう

出会ってすぐにLINEやWhatsAppなど頻繁にメッセージができるチャットアプリなどに誘導されます。翻訳ツールを使ったカタコトの日本語でメッセージをしてきます。「ハニー」「マイラブ」「ダーリン」などの呼び名を使う、ポエムのような愛のメッセージ、金銭要求のメッセージ、投資について語ったり、投資を薦めるメッセージは詐欺の危険があります。また最近では「運命の人」というのが詐欺師の常套句です。

英文の場合、詐欺メッセージデータベースをもとに診断してくれる「Scamranger」というサイトがあります。日本語の文章でもオンライン翻訳ツールで英語にしてから検証してみましょう。

投資詐欺の兆候

SNSやマッチングアプリで知り合った、直接会ったことのないオンラインの友人や恋人が投資について話し始める。

知り合いに投資の先生がいると言われて紹介をうける。または投資を教えてくれるSNSのグループに参加すると、そこで投資を教える先生のアシスタントや、一般参加者のように見える人々（サクラ）が「先生の指導通りに投資をすると儲かる」という。

最初は少額の投資を促されて利益が出て、出金ができる。その際、投資のための送金先、利益を振り込んできた口座が個人名義が使われている。

暗号資産取引所が金融庁に登録されていない。それを指摘すると「富裕層向けの投資サービス」であるという理由を聞かされる。

今だけのお得なキャンペーンが始まったなどと、投資の機会を見逃すことがないように行動を急がせるなどが特徴です。

相談しよう

「何か変だなと感じていたのに…」と被害者は口にします。変だなと感じた時には周りに相談しましょう。ひとりで抱えないで友人や家族に相談することが大切です。

自分で調べることは納得につながりますが、一方でどうしても「自分が望む方向」に結びつく情報ばかりを集めたくなります。これを確証バイアスといいます。

確証バイアスを避けるためには、この種の犯罪をよく理解して、適切なアドバイスを公平な視点で見ることができる人に相談することが重要です。警察、国民生活センターや、金融庁の相談窓口などに相談しましょう。

紹介サイトのQPコード

- **Yandex画像検索** https://yandex.com/images/
- **FaceCheck.ID** https://facecheck.id/ja
- **ScamAdviser** https://www.scamadviser.com/
- **トレンドマイクロセキュリティセンター** https://global.sitesafety.trendmicro.com/?cc=jp
- **Virustotal** https://www.virustotal.com/gui/home/upload
- **Scamranger** https://scamranger.ai/Validate

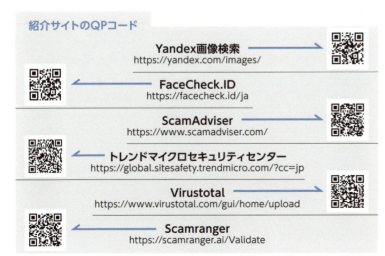

被害者を責めないで、被害者心理を理解して優しくサポートしてほしい

新川てるえ

前作「国際ロマンス詐欺被害者実態調査」（2019年8月発売）から5年が経ちました。私が本書で伝えたいのはこの詐欺の被害は、交通事故に遭うように誰にでも起きうることだということです。

私たちの活動は20人のボランティアによって支えられています。その大半が詐欺被害を克服したサバイバーの人達です。私もそうですが、あの時経験した辛く苦しい思いを支援に活かして人助けをしたいという思いです。アンケートにお応えいただいた105人の方も同様だと思います。そんな仲間に感謝です。

私の相談者には被害後に辛さに耐えられずに、自ら命を絶ってしまった被害者もいます。金銭的な損失だけではなく心が傷つき苦しいのが被害者の状況です。

どうか周りにこの詐欺に遭っている人がいたらそんな心理を理解して、力になってあげてください。相談できる人がそばにいるだけでも、被害者は救われます。本著に書いてある被害者心理を理解してサポートいただけましたら幸いです。

また、本著制作にあたり、共著者の武部理花さん、制作のトゥーステップ渡辺稔さん、素敵なイラストを描いてくれた歌川たいじさんに心から感謝します。

被害者の声をデータでつなぐ支援の輪

武部理花

2016年に「ストップ国際ロマンス詐欺」というホームページを立ち上げて以来、SNS型詐欺を巡る状況は驚くべき速さで高度化してきました。特に、暗号資産の急速な普及、機械翻訳の精度向上、そしてディープフェイク技術の進化は、SNS型詐欺の形態に大きな影響を与えています。

本書では、2024年版のアンケート調査やインタビューを通じて、こうした新たな背景の中で被害者の声や実態を知ることができました。調査にご協力くださった方々、インタビューに快く応じてくださった方々、そして各分野で多大な支援をいただいたすべての方々に、心から感謝申し上げます。

今回得られたデータは単なる数値の集合ではなく、詐欺被害後に苦しむ方々のリアルな声や思いが詰まった大切な証言でもあります。これらを丁寧に分析し、公表することで見えてくる被害者の方々の現状を、多くの方々に知っていただきたいと願っています。

被害に遭われた方々の声に真摯に耳を傾け、データが示す事実をもとにした解決策を模索することは、データアナリストに課せられた重要な使命だと思います。本書が、被害者の支援や社会全体の詐欺防止に向けた一歩となることを願っています。

著者紹介

新川てるえ
（しんかわ・てるえ）

Terue Shinkawa

国際ロマンス詐欺ジャーナリスト・作家・家庭問題カウンセラー・一般社団法人おやこリンクサービス代表理事・NPO法人M-STEP理事。1964年　東京都葛飾区生まれ。千葉県柏市育ち。

10代でアイドルグループのメンバーとして芸能界にデビュー。1997年にインターネット上でシングルマザーのための情報サイト「母子家庭共和国」を主宰。3度の結婚、離婚、再婚等の経験を生かし家族問題カウンセラーとして雑誌、テレビなどに多数出演。2014年シングルマザーとステップファミリーを支援するNPO法人M-STEPを設立。

2016年よりシングルマザー支援の一環として「STOP！国際ロマンス詐欺」サイトを立ち上げ注意喚起を行い、ジャーナリストとして活躍中。SNS型詐欺被害者救済のためのCHARMS代表。

担当ページ
P2・3・10・11・12・13・14・15・16・17・18・19・26・27・30・31

武部理花
（たけべ・りか）

Rika Takebe

教育コンテンツクリエイター、SNS詐欺研究者、データアナリスト。NPO-CHARMS副代表、SCARS Institute理事。工学士、Master of Business Admint Styation（修士）。関西生まれ関東育ち。中学生時代、親の仕事で英国に滞在し、英語を習得。芝浦工業大学卒業後、半導体業界にてプロセスエンジニアやアカウントマネージャーとして、マレーシア、米国、中国での業務経験を積む。インテル日本法人、パナソニック・タワージャズを経て、2019年にオーストラリア・ボンド大学でMBAを取得後、独立。

2016年、新川との出会いをきっかけに「STOP！国際ロマンス詐欺」のサイト運営を開始、のちCHARMSを設立。

担当ページ
P4・5・6・7・8・9・28・29・32・33
20〜25アンケート分析

SNS型詐欺

国際ロマンス詐欺・SNS型投資詐欺
被害者サポートマニュアル
～ なぜ騙される?! 詐欺師の卑怯な手口 ～

2025年4月8日　初版発行

著者	新川てるえ　武部理花
アンケート分析	武部理花
表紙・本文イラスト	歌川たいじ
発行	NPO法人M-STEP　CHARMS
印刷・製本・デザイン	株式会社トゥーステップ
協力	株式会社エウレカ 島津敦好
発売	株式会社太郎次郎エディタス 〒113-0033 東京都文京区本郷3-4-3-8F

CHARMS Web
https://npo-charms.org/

ISBN978-4-8118-4152-6　C0036